保育・教育施設における

事故予防の実践

事故データベースを活かした環境改善

編著
西田佳史
山中龍宏

中央法規

はじめに

　有史以来、けがを予防することは、常に人類の大きな関心ごとでした。統計調査が行われるようになった後はもちろんのこと、古い文献を見れば、いつの時代を見ても、事故を避けようというのが人類にとって大きなテーマだったことがわかります。けがは医療の分野で傷害と呼ばれますが、本書では、保育所や幼稚園で起こる傷害の予防を取り上げています。

　かつて20世紀の初頭まで、事故というのは「ランダム・偶発的に起こるもの」であり、その結果、重傷を負うのは、「運が悪いせい」、もしくは「不注意のせい」とされていました。その頃の主な傷害予防法といえば、冗談ではなく本当に、神に祈ることであり、罰やモラル教育によって人間を改善することでした。現在、傷害予防が進んでいる多くの分野では、そのようなことはせず、科学的に効果のあることを実施する方向に舵が切られています。

　一方、保育所や幼稚園をみてみると、残念ながらいまだに、「運」に頼ったものになっているようにみえます。子どもを重大な傷害から守るためのしっかりした教育を受けずに、また、なんのツールも使わずに、まさに人手だけで現場で対応しているというのは、実は、重大な傷害が起こるかどうかを、運に任せた状態にみえます。

　傷害予防学のあらゆる教科書に記載されている「ハッドンのマトリクス」で有名なハッドン（Haddon：1926-1985）は、ポスターやパンフレットを用いた注意喚起ではなく、環境改善を主体とした傷害予防へのパラダイムシフトと、そのための科学的なアプローチの必要性をいち早く指摘した人物です。本書では、科学的なアプローチに力点を置き、最新のデータに基づいて、効果のない方法と効果のある方法の違いはなんであるか、どのようにすれば予防できるのかなどを具体的に解説していきます。

　本書の読者として、保育・教育施設の経営者、保育者、また、これから保育者になろうとしている学生、学校安全に取り組んでいる研究者、保育や学校安全にかかわる行政の担当者などを想定しています。本書を効果のある傷害予防の実践に役立てていただきたいと思います。

西田佳史

凡 例

「事故」「傷害」「事故による傷害」

　わが国では、意図的でない事故については「不慮の事故」と表記され、厚生労働省の人口動態統計でも「不慮の事故」として分類されています。不慮とは「おもいがけないこと。不意。意外」（広辞苑）を意味している言葉です。

　「事故」を意味する英語として、以前はaccidentという語が使用されていましたが、最近ではinjuryが使用されるようになった。accidentには「避けることができない、運命的なもの」という意味が含まれていますが、「事故」は予測可能であり、科学的に分析し、対策を講ずれば「予防することが可能」という考え方が欧米では一般的となり、injuryという語を使用することが勧められています。一部の医学誌ではaccidentという言葉の使用を禁止しています。

　海外の学会では、accidentという言葉を聞くことはなく、すべてinjuryであり、injuryの前に「preventable（予防可能な）」をつけて「preventable injury」という言葉を聞くことが多いです。事故につける形容詞として、「不慮の」と「予防可能な」は正反対の考え方であり、これは、事故を健康問題として考えるのか、それとも運命であり避けられないものとして考えるのかという大きな違いとなっています。

　injuryに相当する日本語として「外傷」「損傷」「危害」などの言葉がありますが、今回はinjuryを「傷害」と表記することとしました。「傷害」は当該事象によって何らかの被害を受けた当事者と被害そのものを中心に置いている言葉であり、一方、「事故」は漠然と状況を表した言葉です。「傷害」という言葉を使うことによって、当事者の問題へと視点を移動させることができます。

　この本では「事故」「傷害」「事故による傷害」などの言葉を使っているので「表記ゆれ」と思われるかもしれませんが、上記のような理由で使用しているとご理解いただきたいと思います。

CONTENTS

はじめに

第1章 保育・教育施設における事故の実態 …… 001

1 なぜ子どもを守るのは難しいのか? ………………… 002
2 科学的な視点による傷害予防の見直し ……………… 007

第2章 傷害予防の基本的な考え方 …… 009

1 傷害予防の基本的な考え方:3つのE ……………… 010
2 社会の典型的な反応と、傷害予防につながる仕組みづくり … 016

第3章 科学的傷害予防の基本手順
——リスクの考え方、データの収集と活用 …… 021

1 キーワードの理解 ……………………………………… 022
2 科学的傷害予防の基本手順 …………………………… 027
コラム リスクの発見(応用編) …………………… 030
3 予防方法の開発 ………………………………………… 035
コラム 「けがからの学び」について ……………… 042
4 家庭への科学的傷害予防の普及に向けた
保育・教育施設の役割 ……………………………… 043

第4章 予防につながる事故・ヒヤリハットデータの収集と予防への取り組み …… 045

1 予防のための事故・ヒヤリハットデータの記録 …… 046
2 既存の事故データベースの活用 ……………………… 050
3 職員・教員への研修 …………………………………… 055

i

4 Love & Safety おおむら
：地域で取り組む子どもの傷害予防プロジェクト ············ 077

第5章 頻発事故への予防の提案と実践 ············ 081

1 誤飲・中毒 ············ 082
コラム 食物アレルギーとアナフィラキシー反応 ············ 090
2 溺水 ············ 093
3 やけど ············ 102
4 転倒・転落 ············ 106
5 交通事故 ············ 114
6 遊具による事故 ············ 121
7 窒息 ············ 128
8 熱中症 ············ 135
9 応急処置と心肺蘇生法 ············ 142
コラム 119番のかけ方 ············ 148
コラム 乳幼児突然死症候群 ············ 149
10 野外保育における事故 ············ 150

第6章 保育の安全にかかわる法律 ············ 159

1 「法」とは？ ············ 160
2 保育・教育施設に適用される法 ············ 162
3 子どもの事故に関する責任 ············ 173
4 裁判例から学ぶ事故実例 ············ 176

おわりに

索引

第 1 章

保育・教育施設における
おける
事故の実態

保育・教育現場における事故対策は各地域で行われているものの、
その場限りの声かけで終わっていることが少なくありません。
本章では、事故の予防に焦点を当てて、
その意識のもち方と実践へのつなげ方を考えます。

なぜ子どもを守るのは難しいのか？

A chain is no stronger than it's weakest link：鎖は一番弱いところ以上に強くなれない

　子どもが日々、成長していく過程にふれることはとても楽しいものです。子どもの育成にかかわる職業に就いている人なら、未来をつくり出している実感をもつとともに、目の前の子どもたちによりよい未来を残そうと強く感じることでしょう。保育所・幼稚園などの保育の現場では、発達過程にある子どもの安全を確保し、子どもの命をしっかり守りながら、さまざまなチャレンジを通じた心身の育成の場づくりが求められています。

　安全を考える上で参考になる言葉に、「鎖は一番弱いところ以上に強くなれない（A chain is no stronger than it's weakest link）」という有名な言葉があります。要素が組み合わさって構成されているものは、しばしばシステムと呼ばれますが、そのシステムの弱さは、最も弱い要素によって決まってしまうことを意味しています。これは、子どもの命を守るシステムにも当てはまります。

　例えば、ジャングルジムなど登って遊ぶ遊具で考えてみると、安全の確保という鎖は、「滑り止めのある素材」＋「子どもたちへの注意」＋「子どもたちの登る技術」などいくつもリンクがつながったシステムであり、「子どもたちへの注意」が低下したり、「子どもたちの登る技術」が未熟など、いずれかの理由でもリンクが切れて事故に至ります。この時、「落ちても衝撃が吸収される接地面」

というリンクがあれば、はるかに強固なシステムとなります。

　保育所・幼稚園などの保育の現場での安全を考えた場合、弱いリンクがどこにあり、強い鎖を構成するための方法が確立されているかというと、疑問といわざるを得ません。2017年の人口動態調査によれば、0〜4歳の子どもが不慮の事故で147人も亡くなっています[1]。保育の現場に限れば、プールでの溺水、野外活動中の河川での溺水、食事中の誤嚥による窒息、午睡中の死亡事故などが繰り返し発生していて[2]、安全の確保は簡単ではないことを示しています。どこかに弱いリンクが存在しているのです。

　具体例をあげてみましょう。例えば以下の事故は、2006年から数年間に起こった事故や関連した事象をいくつか並べたものです。このようにどの数年間を抜き出しても、子どもに関連する事故が見つかるはずです。

- 2006年3月…自宅において、2歳9か月の幼児がシュレッダーに両手を巻き込まれ、指9本を切断。
- 2006年7月…自宅において、2歳4か月の幼児が誤ってシュレッダーに左手を巻き込まれ、小指と薬指の一部を切断。
- 2006年4月…水泳部の部活動中、女子生徒が顧問の女性教諭からプールの水を抜くよう指示を受け、金属製の補助棒（重さ約20kg）を使って排水バルブを開けようとした際、誤って補助棒を落として両手の指が下敷きとなり、左手中指の一部が押しつぶされるなどの重傷を負った。2013年6月3日、和解金約760万円を元生徒側に支払うことで合意したと発表された。
- 2006年7月…埼玉県ふじみ野市の市営プールで、小学2年の女児（当時7歳）が、流水プール内のふた（防護柵）の外れた吸水口より地下水路パイプに吸い込まれて死亡。2009年8月、業務上過失致死罪に問われた元市教委体育課管理係長に対し禁固1年、執行猶予3年が確定した。
- 2008年11月…広島県の幼稚園で、通園していた女児（当時3歳）が園内にあった滑り台の手すりに上着が引っかかり、首が絞まって死亡。2011年4月、学園に対し約2280万円の損害賠償を命じた。刑事事件としては園長と担任教諭2人の計3人が業務上過失致死容疑で書類送検されたが、嫌疑不十分で不起訴処分となった。
- 2008年6月…東京都の小学校で小6男児が校舎屋上にあるドーム状のアクリル製採光用窓を突き破り、1階の床に転落。全身を強く打ち死亡

※1　厚生労働省「人口動態統計」2017.
※2　日本スポーツ振興センター「学校の管理下の災害（平成28年版）」日本スポーツ振興センター学校安全部、2016.

した。
- 2009年11月までにベビーカーの指切断事故が12件起こったとして、アメリカでリコール。日本国内では1割のシェアを占めるが、リコールされなかった。2011年、該当製品で2件の指切断事故が国内で起こった。

発達段階にある子どもと事故の実態

　乳幼児の事故は、身体機能・認知機能の発達と密接な関係があります。一方、我々の身の回りの環境は、必ずしも心身機能や認知機能が変化する人たちに対応するように設計されていないため、事故による傷害が多発しやすくなります。

　例えば、ベッドやソファからの転落は、生後4〜6か月頃、寝返りができるようになる時期から多発し始めます。7〜10か月頃につかまり立ちができるようになると、ベビーベッドから転落する事故が多くなり、つかまり立ちによってテーブルの上などアクセスできる範囲が急に広がるために、誤飲・誤嚥、熱傷などが起こり始めます。1歳になり歩けるようになると、さらに行動範囲が広がり、ベランダや階段からの転落、浴室での溺水が起こります。

　このように行動の発達とともに、事故も変化していきます。行動範囲が劇的に変わり、特にさまざまな事故の発生がピークになるのは、12か月頃です。**図表1-1**の▲の印がピーク時期を表しています。

　それでは、日々発達し、行動が変化していく子どもたちを健やかに育成させるために、教育・保育の現場では、どのように事故を予防することができるのでしょうか？　例えば、**図表1-2**に示すような家庭では、どこに危険が潜んでいるでしょうか？　少しの間、考えてみてください。**図表1-3**では、実際に起こった事例を示しました。保育現場でも、一般家庭と同様にこうしたさまざまな事故に取り組む必要があります。ほとんどのケースを思いついたという人から、こんな雑多なものを全部予防するのはきりがないと思われた人もいることでしょう。◆

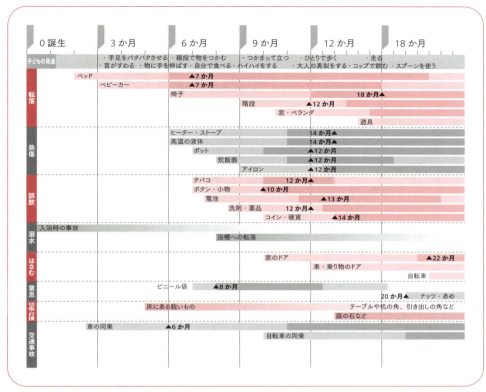

図表1-1　子どもの月齢と事故の関係図

出典：産業技術総合研究所デジタルヒューマン工学研究センターほか監『子どものからだ図鑑　キッズデザイン実践のためのデータブック』
102〜103頁、ワークスコーポレーション、2013．

図表1-2　どこに危険が潜んでいるか？　どう対策できるか？

監修：特定非営利活動法人Safe Kids Japan
データ提供：国立研究開発法人産業技術総合研究所

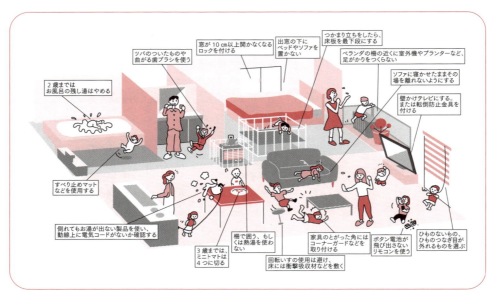

図表1-3　実際にあった事例

監修：特定非営利活動法人Safe Kids Japan
データ提供：国立研究開発法人産業技術総合研究所

科学的な視点による傷害予防の見直し

何が課題か？

　これまで事故の分析を進める中で、事故の背景には、実際には予防につながらない無理なことを行っていたり、安全確保のためのガイドラインやマニュアルが曖昧なもので、ほとんど行動に移せないものであったりと、事故が起こり続けるのには、予防できない理由があることに気づきました。

　例えば、「事前の下見を十分に行う」「職員の役割分担を明確にする」「園児への注意事項をしっかり決めておく」などは、具体的なものではなく、こうした漠然とした指示では、いざ行動に移そうとすると、現場の判断や対応に大きな差が生じてしまいます。経験や勘だけに頼った仕組みでは、傷害予防のシステムを弱めることにつながります。どうすれば、共通理解に立った、より強いリンクへと変えていくことができるのかが課題です。

本書の狙い

　本書では、傷害予防の「実効性」、すなわち、本当に役立つ予防法かどうかに着目します。実際に傷害予防に役立つ考え方、傷害予防を行うための現場でのシステムづくり、転落・溺水など、個々の対象に対する具体的な予防策について説明していきます。その際、科学的なデータが参照できるものに関しては、できるだけ科学的に示していきます。科学的な視点を導入することで、従来のやり方を見直すきっかけになると考えるからです。

　傷害予防というと、雑多な項目があってきりがないという声を耳にします。しかし、一見雑多にみえるものでも、1つの統一的な考えで分析できること、それを応用することで実践的な傷害予防が可能になること、そして、新しい事象が出た際にもどのように対処すればよいかがわかることが、本書の獲得目標です。

第2章では、本書を通じた統一的な考え方について説明します。これまでに起こった事故に対する予防や、まだ起こっていない新しい事故に対する予防に対しても適用できる基本的な考え方です。第3章で、データに基づいて、科学的に予防に取り組むアプローチについて解説し、第4章で、そのためのツールを紹介します。第5章では、転落、溺水、アレルギーなど各事故に対する具体的な予防法について解説します。第6章は、法律やガイドラインの面から知っておくべきポイントを解説します。　　　　　　　　　　　　　　　　　　　　　　　　　◆

第 **2** 章

傷害予防の
基本的な
考え方

保育・教育現場における傷害予防の考え方を示し、
その必要性を伝えます。

傷害予防の基本的な考え方
3つのE

いろいろな場で、傷害の予防のために「子どもから目を離さないようにしましょう」などの注意喚起を毎日目にします。WHO（世界保健機関）は、注意喚起だけでは有効ではなく、傷害を予防するためには、環境改善（Environment）、教育（Education）、法的規制やルールなど（Enforcement）の3つが必要と述べています（**図表2-1**）。これらの英語の頭文字をとって「3つのE」といわれています[※1]。

● **見守りの限界を知る**

子どもの事故の対策というと、真っ先に思いつくのが見守りです。しかし、見

図表2-1　傷害予防の基本的な考え方「3つのE」

※1　Peden, M., Oyegbite, K., Ozanne-Smith, J., Hyder, A.A., Branche, C., Rahman, AKM.F., Rivara.F., Bartolomeos, K.（eds.）, *The World Health Organization: World Report on Child Injury Prevention*. World Health Organization, 2008.

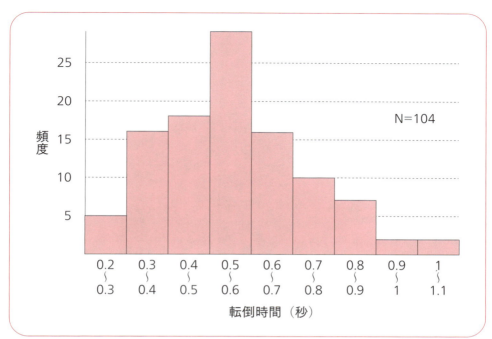

図表2-2　転倒時間の分析結果（生後11〜50か月、合計104回の転倒）

　守りだけでは事故を予防できません。**図表2-2**は、産業技術総合研究所で行った子ども（生後11〜50か月）の転倒時間の分析結果です[※2]。この図から、子どもが平地で転倒するとき、倒れ始めてから身体の一部が接地するまでに0.5秒程度かかることが最も多いことがわかります。人は、目で見て反応できるまでに0.2秒はかかるといわれています。したがって、この場合、子どもを救うのに使える時間は、0.5−0.2＝0.3秒です。たとえ1mの距離で見守っていても、時速24kmまで加速する必要があります。これは、目の前で見守っていても、事故による傷害を予防することはとても難しいことを意味します。

　平地での転倒ではなく、高い遊具からの転倒ならば子どもを救う時間が稼げると感じるかもしれません。でも実際には、それも難しいのです。**図表2-3**は、落下の高さと時間の関係です。3mの高さから転落するのに0.78秒しかかからないので、平地での転倒と大差ありません。そのほか、野球のファウルチップで、バットから目や歯の位置まで飛んでくる時間は、0.05秒ぐらいです。この速度では、動きがとれる前に傷害に至ります。

落下の高さ（m）	接地面への到達時間（秒）
0.5	0.3
1.0	0.45
2.0	0.63
3.0	0.78

図表2-3　「落下の高さ」と「落下時間」の関係

※2　Kakara, H., Nishida, Y., Yoon, S.M., Miyazaki, Y., Koizumi, Y., Mizoguchi, H., Yamanaka, T., "Development of Childhood Fall Motion Database and Browser Based on Behavior Measurements", *Accident Analysis & Prevention*, No. 59, pp.432-442, 2013.

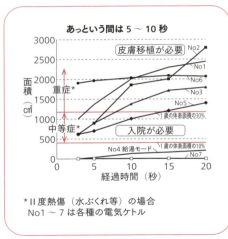

図表2-4　電気ケトルのお湯漏れの時間

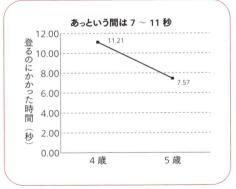

図表2-5　ベランダの柵に子どもが登る時間

　また、電気ケトルが倒れて熱湯が漏れ出す時間は、5～10秒です（**図表2-4**）。ベランダの柵に子どもが登る時間は、4歳から5歳で7～11秒です（**図表2-5**）。これは比較的時間が長いですが、それでも5秒や10秒、目を離すことは誰にでもあり、目を離さないでいることはほぼ不可能だと考えてよいと思います。

　このように、見守りの限界を知り、環境改善を行うことで「目が離せる環境」をつくり、子どものさまざまな探索行動・チャレンジを注意することなく見守るという、本来の見守りを行わないと予防はできません。

● 科学的視点の必要性と無理の科学

　これまで説明したように、不可能なことをしっかり認知することは、実は簡単ではありません。無理なことや不可能なことをきちんと認識して避けること、可能なことを知って実施するためには、科学的な視点が必要となります。無理な傷害予防のデメリットは、以下のようなものです。

- 効果がないこと。もしくは、効果を出すためには多大な労力が必要であり、持続不可能なこと。
- 事故の結果、傷害が生じた場合、それが必然にもかかわらず、近くにいる保護者や管理者の責任にされること。
- 避けられない現象と避けられる現象を分離できないこと（歩行するには転倒は避けられない現象など）。
- 優先順位をつけられず、できることはすべてやるなどの無理なことを強いたり、言うだけにとどまること。

　いたずらに疲弊しないためにも、効果のある予防が大切です。

図表2-6　身の回りの事故が起こる速さ

● できない傷害予防からできる予防への転換

　傷害予防の基本は、できない傷害予防をやらない、やろうとしないということにあります。見守りの限界でお話ししたように、身の回りの環境が危険な状況のまま、注意だけで予防することは不可能です。

　図表2-7は、できない傷害予防とできる傷害予防を対比したものです。ABC理論と呼んでおきましょう。左側は、できない傷害予防の図です。この関係はAの「変えたいもの」とBの「変えられないもの」からなっており、変えたいものが、実際には変えられない構造となっています。一方、図表の右側にあるように、Cの「変えられるもの」を新たに導入することで、「変えたいもの」を変えられる化（ABC化）しようというのが、傷害予防の基本的な考え方です。

　これは、当たり前の考え方のように感じるかもしれません。ところが、「変えられないもの」と「変えたいもの」の関係だけを議論していたり、かなりの頻度で「変えられないもの」を変えようとしていたりと、これらの3つが整理されていない方法がよくみられます。

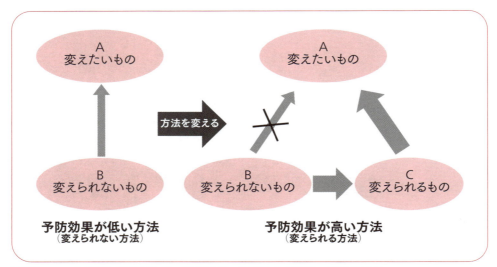

図表2-7　ABC理論：変えられない構造から、変えられる構造へ変化させる

　先ほど、3つのEという考え方を紹介しました。環境（Environment）で改善できるものがあれば積極的に改善する、その具体的な方法に関して教育（Education）を通じて学ぶ、実効性が証明されている環境改善の方法や教育については法的な力（Enforcement）や自主ルールを使って義務化・常識化していく、という具合に、3つのEはバラバラのものではなく、環境改善を基軸として相互に関係しあっています（**図表2-8**）。

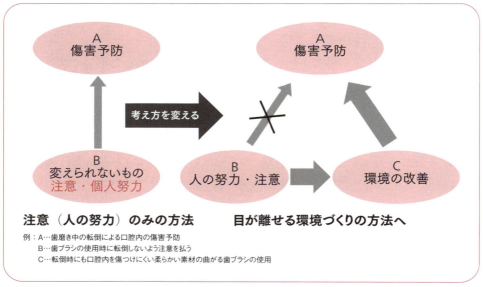

図表2-8　人の努力ではなく、環境改善を基軸とした傷害予防へ

●傷害予防は、子どもの危険回避能力を奪う?

　みなさんもお気づきのように、環境改善アプローチに関してよくいわれる誤解があります。傷害予防のために環境や製品を改善すると、子どもの行動を制約することにつながったり、子どもの危険回避能力が育まれなかったりするのではないかということです。

　実際は、むしろその逆で、対策をしていない無防備な環境で事故を防ぐには、子どもの行動を制限するしかありません。そのような中では、危険回避能力は育まれません。子どもの行動を制限する傷害予防は、子どもが自覚しないままに過大な責任を子どもに押しつける行為であり、子どもの将来を奪う行為です。人の注意や努力だけに支えられた方法ではなく、環境の中から変えられるものを見つけ、それを変えていく。これを愚直に繰り返すことが、子どもたちの成長に欠かせない失敗やチャレンジを許容し、子どもたちを健康に元気にすると同時に、保護者や保育者、教員を守ることにもつながります。　　　　　　　　　　　◆

第2章　傷害予防の基本的な考え方

社会の典型的な反応と、傷害予防につながる仕組みづくり

まず、事故が起こった際の悪循環の例として、世の中で現在とられている事故の対応をみてみましょう。

典型的なプロセスを理解するために、事故の発生からある程度時間が経過しており、事故原因の究明や対策の提言、刑事処分・行政処分などの責任追及が終了している事例として、杉並区の小学校で発生した天窓からの転落死事故に焦点を当て、新聞データベースを活用してプロセス分析を行いました。

新聞データベースサービスを活用し、新聞三紙（朝日・読売・毎日）の2008～2012年の5年間を対象に、キーワード[※3]を条件とした検索とクリッピングを行いました。また、クリッピングした記事から天窓の事故に関する記事を抽出し、分析しました。その結果が**図表2-9**になります。

図表2-9を見ると、このシステムでは、責任の所在が追及され、処罰を与えることで終わっており、予防のための仕組みにはなっていません。このような司法に基づくループは、この事例以外でも社会の至るところでみられる現象になっています。こうした司法制度が必要であることは変わりありませんが、予防の仕組みという観点からは、このループだけでは不十分だと考えています。

第一に、実は、このような司法制度で扱われない事故が大半である点、第二に、事故から予防へと変える変換作業が重要であり、その結果得られた知識や効果的な予防法が普及すれば、加害者や被害者になることを未然に防ぐことが可能となる点です。

図表2-10に、効果のある傷害予防（3E）と効果のない傷害予防（3I）を整理しました。3Eについては前述しましたが、多くの場面で必ずしも予防につながらない対応がみられます。例えば、校長先生や園長先生を処罰する（個人の責任にする：Individual）、実際には見守りで防止できない事故を見守る（非科学的で無理な傷害

※3　（幼稚園 or 保育所 or 小学校 or 中学校）and 事故 not（原発 or 放射線 or 放射能）

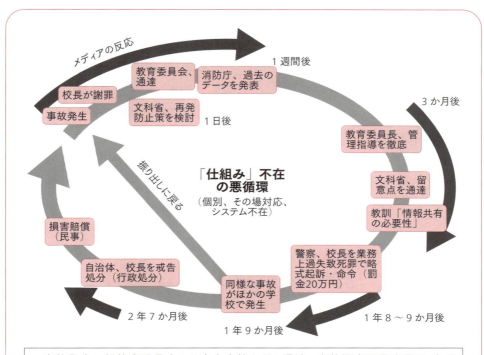

図表2-9　天窓事故にみる典型的な事故対応

	3E's：有効な傷害予防 Effective Injury Prevention	3I's：無理な傷害予防 Ineffective Injury Prevention
とり得る、もしくは、現在とられているアプローチ	Environment （環境・製品の改善） 湯漏れ防止機能付き電気ケトル、CR付きライター、蒸気レス炊飯器、衝撃吸収材、ヘルメット着用	Individual （個人責任・モラル・非システム的） 緊張感不足を原因とする、自治体課長・校長先生・園長先生の処分、保護者の責任とする
	Education （教育） 環境改善を促す教育、定量的な情報提供、ツールの使い方教育、右の3I'sが無力であることの教育	Impossible （実行不可能・非科学的） 0.5秒問題の不理解 「注意」「目を離さない」ことに頼る見守り
	Enforcement （法律・基準） シートベルト装着、飲酒運転禁止、煙感知器設置、遊具の接地面、チャイルドシートの使用、ベビーベッド規格	Instant （即時的・その場しのぎ） 周知徹底、謝罪、通達、follow up不在、騒いで忘れる

図表2-10　効果のある傷害予防（3E）と効果のない傷害予防（3I）

予防：Impossible）、3Eに基づかない周知徹底や謝罪（その場しのぎ的対応：Instant）な
どは、傷害予防上は効果のないアプローチ（Ineffectiveなアプローチ）であり、英語
の頭文字をとって、ここでは3Iと呼んでいます。

　3Iは筆者らの造語ですが、わが国では今なお、20世紀の初頭の方法（モラル・罰
に基づく対策）がとられていることがわかります。「処罰を回避するために、（間接
的に）予防が進むだろう」という対策は間違いであり、効果のない傷害予防（3I）
ではなく、効果のある傷害予防（3E）を採用することが大切です。傷害予防を行
うために、「処罰」という不幸を経由しなければならない道理はないはずです。

　それでは、どういう社会構造にすれば、この問題の解決に近づくことができる
のでしょうか？　**図表2-11**は、傷害を予防する社会的な構造（社会システム）のあ
るべき姿を示しています。これは、筆者らのグループが過去に実際に取り組んで
きた経験をもとに、実際に構築可能な社会システムとしてまとめたものです。こ
の社会的仕組みは、①医療機関を核として子どもの行動や事故に関するデータを
収集する事故サーベイランス機能、②収集されたデータを解析し、子どもの行動
や事故の発生プロセスを理解し、事故の予防策を開発する事故原因の分析機能、
③社会にリスクを伝達したり、傷害予防策を普及させたりするためのリスクコ
ミュニケーション機能を1つのループとしてつなぐことで、傷害データを蓄え、
傷害データを対策法へと知識化し、開発された対策法の効果を評価し、持続的に
改善していくという社会的なフィードバックを実現するシステムです。

　①は主に医療機関によってデータが蓄えられ、②では研究機関やメーカーなど
が分析を行い、それが③のメディア、自治体、NPOなどと連携することで社会
に伝搬されていきます。私たちは、この仕組みを「安全知識循環型社会システ
ム」と呼んでいます。

　図表2-11は、社会レベルでの仕組みを示していますが、基本は、現場で事故
のデータを集め、これを分析することで実態をつかみ、実態に即した改善を行っ
ていくという考え方です。同様な仕組みは、教育現場や保育所等でも構築可能で
す。そこで第4章では、データを収集し、活用する仕組みのつくり方、そのため
のツールや実践例を紹介します。　　　　　　　　　　　　　　　　◆

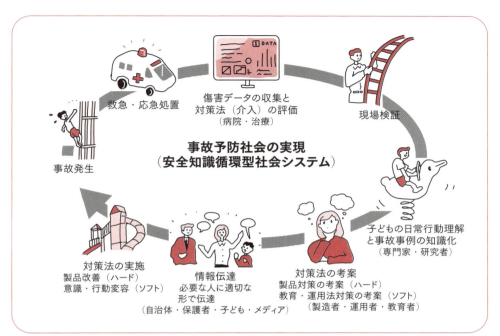

図表2-11　事故データを知識に変え、社会で共有する仕組み（傷害予防のための社会構造）

> **ポイント**
> - 傷害を予防するには、「不可能な傷害予防」ではなく、「可能な傷害予防」を行うこと。

社会の典型的な反応と、傷害予防につながる仕組みづくり　019

第**3**章

科学的傷害予防の基本手順
──リスクの考え方、データの収集と活用

第2章では、実践可能な傷害予防の基本的な考え方について学びました。
第3章では、保育や教育の場において、
利用可能なデータなどを活用し、
経験や勘に頼らない誰もが実践できる傷害予防の手順を解説します。

# キーワードの理解

　安全管理の分野で使われる一つひとつのキーワードについて、職員間で共通認識をもっておくことは、組織で傷害予防に取り組む上での土台を、より強固なものにします。「リスク（risk）」「ハザード（hazard）」「デンジャー（danger）」「危険（peril）」など、危険を表現する言葉はいろいろあり、必ずしも統一された使い方になっていません。

　リスクマネジメントと呼ばれる組織で安全管理を進める分野では、決まった使い方があるので、まずはそれを学びましょう。ここでは、ふだんよく耳にするのでわかった「つ・も・り」になりやすいのですが、実際のところ誤解が生じやすい3つの言葉（「ヒヤリハット」「危険源（ハザード）」「リスク」）と、「事故」「傷害」について解説します。

ヒヤリハットとは

　起きてしまった出来事のうち、傷害を免れたもの。

危険源とは[1, 2]

　ヒヤリハットや事故につながるおそれのある要素。

リスクとは[3, 4]

　子どもが危険源に接することで傷害を起こす可能性のこと。数式で表現すれば、

---

[1]　ISO／IEC Guide 50：2014「安全側面——規格及びその他の仕様書における子どもの安全の指針」
[2]　ISO31000：2009「Risk management——Principles and guidelines（科学的傷害予防原則及び指針）」
[3]　※1と同
[4]　※2と同

リスク＝危険源から生じる傷害のひどさ×危険な出来事の発生確率（子どもの危険源への接しやすさ、転落などの危険な出来事の発生確率など）

になります。危険源があっても、子どもが接することができない場合には、リスクはゼロになります。

事故とは[※5]

起きてしまった出来事のうち、何らかの傷害が発生したもの。

傷害とは[※6]

人の身体を傷つけ、健康を損なうこと。具体的には、誤飲・中毒、異物の侵入、火傷・熱傷、気道異物、窒息、溺水、交通事故、外傷、刺咬傷、熱中症、ガス中毒、感電などが含まれる。

● 具体例

ブランコ遊びの場面での「ヒヤリハット」「事故」「危険源」「リスク」の事例

ヒヤリハット

5歳男児が静かに揺れているブランコに座っている時、思わず手を離して落下したが、擦り傷（傷害）には至らなかった。

事故

5歳男児がブランコから落下した時、揺り戻したブランコの角に頭をぶつけて出血した出来事。

※5　山中龍宏「Injury（傷害）について考える——医療関係者が取り組むべき活動とは」『小児科臨床』第69巻第12号、2016.
※6　同上

危険源

①ブランコの高さ
②ブランコが動いているという状況
③ブランコの座面の硬さ
④座面に角があること
⑤地面の硬さ

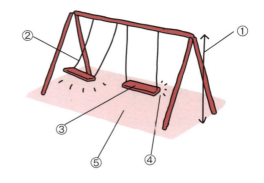

リスク

　傷害が発生し得るかどうかが判断のポイントです。ブランコのそばに子どもが存在しており、落下、物体との衝突によって、傷害が発生する可能性があるので、リスクがある状況です。　　　　　　　◆

ワーク01

「事故」?　or「ヒヤリハット」?

【ねらい】
クイズを通じて、2つの言葉の意味を理解し、職員全員で共有する。

【やってみよう】
次の❶〜❹の状況で、「事故」なのか「ヒヤリハット」なのかを考えてみましょう。
最初に個人で考えた後、4人前後のグループで相談してから、全体で共有しましょう。最後に答え合わせをしてください。

❶子どもが歯ブラシを口にくわえたまま転倒したが、特にけがはなかった。

❷廊下の曲がり角で二人の子どもが出会い頭に衝突、二人とも鼻血が出た。

❸子どもたちの登園前、園庭にクギが落ちているのを施設点検中の保育者が見つけた。

❹ベランダの柵の間から2歳児が下をのぞいていたが、柵の高さが130cmあり、落下することはなかった。

第3章　科学的傷害予防の基本手順

キーワードの理解　025

【答えと解説】

❶ヒヤリハット：すでに悪い出来事が起きてしまっている（転倒した）ものの、傷害がなかったのでヒヤリハット。歯ブラシの硬い材質や、口にくわえている状態などが危険源。子どもが転倒可能な状態で、傷害を負う可能性があったので、リスクがある状態といえます。

- -

❷事故：すでに悪い出来事が起きてしまっている（衝突した）と同時に、傷害（出血）が発生している。見通しの悪い曲がり角が危険源。実際に傷害が生じているので、リスクがある状態です。

- -

❸ヒヤリハット：すでに悪い出来事が起きてしまっている（クギが落ちていた）ものの、傷害がなかったのでヒヤリハット。この状況での危険源はクギです。リスクは、危険な要素に子どもが接することができるかが判断のポイントです。この場合は、園庭という子どもがアクセス可能な場所で、傷害が発生し得る状況なので、リスクがある状態です。例えばこの後、子どもがそのクギを口に入れたけれども、すぐに気づいて吐き出させ、ことなきを得たとしたらヒヤリハットのままですが、もしクギを飲み込んでしまったり、足の裏で踏み抜いてしまったら事故です。

- -

❹事故でもヒヤリハットでもない：特に悪い出来事は起こっていないので、事故にもヒヤリハットにも該当しません。危険源としては、ベランダという高い位置、のぞき込む行為などが当てはまりますが、柵が十分高いので、転落による傷害に至ることはありません。周辺にほかの障害や、いすなど柵に登れるものがなければ、リスクはない状態といってよいでしょう。

2 科学的傷害予防の基本手順

　図表3-1に示すように、「リスクの発見および予防法の効果評価」「傷害リスクの分析」「予防法の立案」「予防法の実践」の4つのステップで一巡するループになります。正確には、1巡目には、1つ目のステップに含まれている「予防法の効果評価」はありませんが、通常は、データをもとにして「リスクの発見」とともに、「過去行った予防策の効果評価」を行いますので、4つのステップとしました。

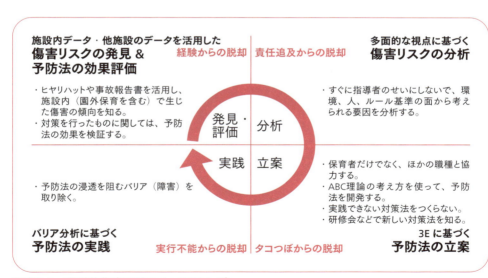

図表3-1　科学的傷害予防の4つのステップ

リスクの発見

　経験と勘ですべてのリスクを予測することは困難です。リスクを発見するには、経験を積むだけでは不十分であり、データに基づいてリスクの実態を理解することが不可欠です。第1章の**図表1-2**では一般家庭の事例を取り上げましたが、今度は保育所等の例で考えてみましょう。

ワーク02

保育・教育現場のリスク発見トレーニング

【ねらい】
経験と勘に基づいて起こりそうな事故を見つける。

【やってみよう】
施設の内外の図を複数の職員（できれば全職員）で、A4の紙、もしくは複数人で共有できるように大きく印刷して、起こりそうな事故をあげてみましょう。次に、実際に起こった事例と比較してみましょう。

【ポイント】
予測できたことと予測できなかったことが明確になり、データの活用の意義が理解できると思います。

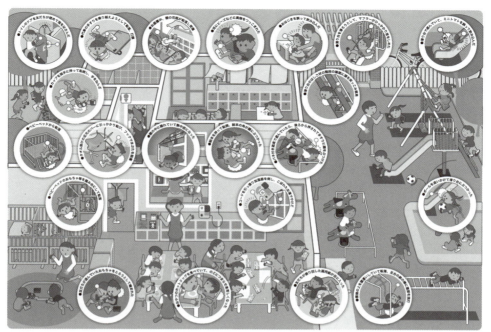

実際の事例

　過去に起こったことがあるものの、最近は起こっていない事例、日本では起こっているがその施設内では起きたことがない事例など、必ずしも頻度が高くない事故の場合は、経験を積み上げただけでは防ぎようがありません。逆に、経験が邪魔をして必要な予防策をとらないという間違った判断になることがあります。「これまで起こらなかったことは起こらない」「自分の身には起こらない」など、傷害予防を阻害するさまざまな心理的要因があり、これを克服するには科学的アプローチ、すなわちデータに基づくアプローチが必要です。

　データに基づくアプローチをするためには、ヒヤリハット報告書や事故報告書を作成して記録すること、定期的に報告書を見直して検討することが必要です。これらの報告書については第4章で解説します。

> コラム

リスクの発見（応用編）

　ある施設内で次のような事故事例があったとします。みなさんの施設で、これに類似する事故が発生するような状況はありませんか？

事故事例：0歳児クラスで過ごしていたとき、部屋においてあったいすによじ登り、いすごと倒れて、床で頭を打った。（3歳・女）

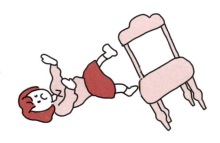

　一方、次の事例は実際に起こった死亡事故です。

事故事例：保護者参観日に屋上に出た際、フェンスに立てかけてあった強化プラスチック製の子ども用プールによじ登ったところ、プールが倒れてきて下敷きになり、頭部を強打する。受傷後、すぐに救急車で病院に搬送、手術を受け、入院治療を続けていたが、数十日後に死亡した。（3歳・男）

　この2つの事例は子どもがよじ登ることで生じた点は共通する事故です。このような事故では、ほかの施設のデータ、死亡事例をもっと知り、自施設に応用していくことが大切になります。
　2つの事例はいずれも、「不安定な大きい（重い）もの」「子どもの探索行動」「よじ登る動き」などの危険源が組み合わさって、「リスクのある状態」となり、事故が発生しています。自園の内外に、これと似たような「リスクのある状態」が放置されてはいませんか？

リスクの分析

次に、事故事例を分析し、予防策を検討するために行う「リスクの分析」について考えてみましょう。

「科学的傷害予防の基本手順」では、事故やヒヤリハットにつながるリスクを、それ以上細かくできないくらい具体化した「リスク要因」として細分化することを推奨しています（**図表3-2**）。

「リスク要因」としてリスクをとらえることには、次の4つの利点があります。

① 大雑把にとらえた時よりも、たくさんのリスクや危険源を発見できる。

② 多くの「リスク要因」をもとに、より多くの「具体的な対処法」を導き出せる。

③ 雑多に見える事故の共通項を理解することで、混乱や誤解を減らすだけでなく、応用する力をもつことができる。

④ 何かを即座に禁止する方法ではない対応がとれるため、子どもに体験の機会を提供できる可能性が広がり、子どもが成長する権利を守ることができる。

「リスク要因」を数多く発見する上で、豊富な経験や知識が大いに役立つことはいうまでもありません。しかし、新人の保育者・指導者であっても、それまで以上に多くのリスク要因に気づける方法があります。それは、第2章でも紹介した3つのEの視点を意識してリスクを発見することです（**図表3-3**）。

・環境に関する要因

・人に関する要因

・安全基準、ルール、マニュアルに関する要因

リスク発見	リスク分析	リスク対応（予防策）
遊具のリスク	大雑把な分析 →	遊具の撤去・使用禁止ではない対応が可能
遊具のリスク	①環境要因（衣服含む） ・隙間の危険（11cm以上の隙間） ②人の要因（知識） ・隙間の危険を知らない ・首を突っ込むという子どもの習性 ③ルール・マニュアルの要因 ・点検マニュアルの未整備 ・外部の安全チェックの未活用	①環境要因（衣服含む） ・隙間の修理 ②人の要因（知識） ・隙間の危険の知識 ・子どもへの教育 ③ルール・マニュアルの要因 ・安全教育マニュアルの整備・追加 ・点検マニュアルの整備 ・外部に安全チェックを依頼

図表3-2　リスクの発見から対応までの流れ

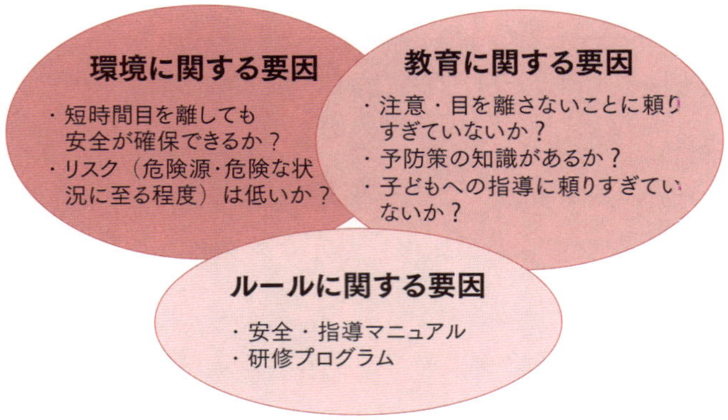

環境に関する要因
- 短時間目を離しても安全が確保できるか？
- リスク（危険源・危険な状況に至る程度）は低いか？

教育に関する要因
- 注意・目を離さないことに頼りすぎていないか？
- 予防策の知識があるか？
- 子どもへの指導に頼りすぎていないか？

ルールに関する要因
- 安全・指導マニュアル
- 研修プログラム

図表3-3　リスク要因の構成

続いて、この3つの視点について、もう少し詳しく解説します。

環境に関する要因

　環境要因では、子どもの皮膚一枚外側、つまり服装や手に持っているものも「環境」としてとらえます。そこから徐々に外へと目を向けることで、子どもたちを取り巻く環境の中に潜むリスクに注目します。

　環境要因リスクの特徴は、表面的で目につきやすいこと、子どもがいる現場だけでなく、日々の点検や行事の下見でも発見できるものが多いこと、ただちに対

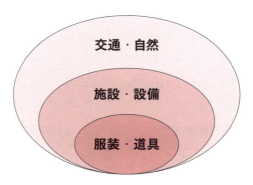

服装・道具
- 首元のひもやフード
- 手に持った棒など
- 口に入る大きさで食品以外のもの　など

施設・遊具
- 高さ、硬さ
- 隙間、死角
- 欠陥、故障　など

交通・自然
- 車、自転車
- 天気、風、雨
- 危険生物
- 時間帯　など

図表3-4　環境要因リスクの例

処できるものが多いこと、対処による効果が高い（エラーが少ない）ことなどがあげられます。

服装、ランドセル、カバンなど身に着けるものを人的ハザードとして整理しているものもありますが、ここでは身に着けるものも一括して環境要因としています。

人（指導者や子ども）に関する要因

人に関する要因には、子どもに関する要因、指導者に関する要因があります。子どもの要因では、子どもの性格や体力、知識や経験などただちに変えられないことがあることも想定し、子ども自身の発達を理解したペースを尊重した「かかわり」が必要になります。子どもの理解力には限界があるため、注意をしても、それが確実に伝わるわけではありません。また、何にでもよじ登ろうとするなど、子ども特有の行動も理解する必要があります。

一方、指導者側にも、価値観や思い込み、加齢に伴う認知や体力の低下など、指導者要因に特有のリスクもあります。さらに、体調管理や精神的なリフレッシュを日頃から心がけることも、指導者要因リスクを避ける上で重要といえます。

環境に関する要因では、環境の改善へと要因分析から予防法開発が素直に結びつきますが、人に関する要因では、すぐさま、教育によって人の改善とはならない点に気をつける必要があります。これについては、予防法の開発で解説します。

こころ（指導者・子ども）	からだ（指導者・子ども）	子どもとのかかわり	子どもの行動
● 知識、経験 ● 感情、視点 ● 思い込み ● 価値観　など	● 認知、体力 ● 疲労、眠気 ● 加齢、服薬 ● 病気、アレルギー　など	● 目を離す ● 怒るが無視 ● 急がす ● 見守る　など	● 心身の発達 ● よじ登り、転倒 ● 噛みつき

図表3-5　人（指導者や子ども）に関する要因

安全基準・ルール・マニュアルに関する要因

3つ目の要因は、ルール・マニュアルなど、個々の保育者が拠り所として活用できる資料や学びの場の有無に関するものです。安全確保の方法などは講習会や

研修で聞いたことがあるものの、しっかり教えてもらったことはなかったり、ほかの保育者がやっているのを見て、OJT（On the Job Training）的に学んだという話を耳にすることがあります。ベテランの背中を見て覚えることもたくさんありますが、それだけでは不十分です。なぜならば、事故は経験だけでは乗り越えられない現象だからです。　　　　　　　　　　　　　　　　　　　　◆

> ## ワーク03 ▶
>
> ### 保育・教育現場のリスクを洗い出そう！
>
> **【ねらい】**
> 日頃の保育・教育現場の中に潜むリスクを、環境、人（子どもと指導者）、ルールやマニュアルの3つの視点を使って洗い出す。
>
> **【やってみよう】**
> 施設の内外を複数の職員（できれば全職員）で見回りながら、「環境」「人（子どもと指導者）」「ルールやマニュアル」の3つの視点でリスクを洗い出してみましょう。最初に個人でリスクの洗い出しをした後、職員間で共有します。
>
> **【ポイント】**
> 最初に個人で取り組むことにより、3つのうち、どの要因にその人が注目しやすいか気づくことが期待できます。その後、ほかの職員と共有することにより、個人では気づけなかったリスクも全職員で把握することができます。

予防方法の開発

　ここでは、傷害リスクの要因（環境要因、人に関する要因、安全基準・ルールに関する要因）の整理に基づいて、実際に予防する方法について考えましょう。

　予防法の開発の場合に大切な考え方は、「変えられる要因」と「変えられない要因（変えにくい要因）」があるという点です。先ほど分析した要因のすべてが直接変えられるわけではありません。変えられる要因をみつけ、実効性のある予防策を開発する考え方を学びます。

予防効果の高い方法の開発

　図表3-6は、傷害予防の分野の基本的な考え方です。予防効果とそれに求められる人側の努力量の関係を整理したものです。予防効果の可能性の高いものほど、その場その場で求められる努力量は少なく、逆に、努力量が多いものほど予防効果の可能性が低いことを表しています。

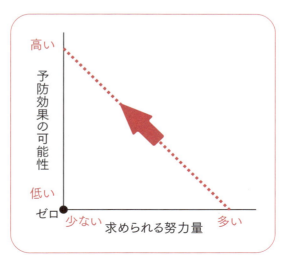

図表3-6　予防効果と努力量の関係

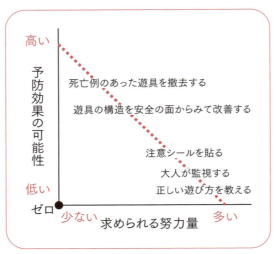

図表3-7　遊具の改善と予防効果

　遊具による傷害予防の例をもとに考えます。遊具が危険なまま、正しい遊び方を教えるだけでは、予防効果は上がりません。遊具という環境要因の危険源（柵の幅、接地面など）の改善を併用することで、効果を高めることができます。一方、遊具の撤去は、予防という点では効果がありますが、子どもたちの発育にとって望ましいことではないでしょう。監視・注意といった指導者の努力に頼りすぎないように、指導者への教育だけではなく、環境の改善と、それらを園全体で標準化するためのルール化・マニュアルの整備を進めることが大切です。これが3つのEの考え方です。

　ここでは、実際に実行可能な予防方法を確立するまでの過程について学びます。何かに登っての転落は最も多発する事故の1つですが、予防を考えてみましょう。第2章で紹介した「変えられる化」の考え方に沿って進めます。

　何が変えられるかを考えると、次の3つの方法が思い浮かびます（**図表3-8**）。**図表3-8**の①の方法を採用すると、予防効果を出すために大きな労力が必要となります。見守ることで事故を防げる場合もありますが、数分間ですら目を離さないことは、実際には実行が難しい方法です。そのため、見守りに頼った方法だけでは難しい場合が出てきます。

　そこで、「目を離すことがある」ことを前提に、方法を変更したものが**図表3-8**の②の方法です。「変えられる化」の観点から、①と②の関係を示したものが、**図表3-9**です。一見すると、①は簡単ですぐできそうに思えますが、実際には実行するのは難しいものです。

①危険な場所に近づかせない　②事故を起きにくくする　③事故が起きても重傷になるのを防ぐ

例：子どもが登らないように目を離さないようにする

例：乗り越えられないように柵の高さを高くする

例：事故が起きたとしても、重症な傷害にならないように吸収性能がある床材にする

事故につながる行動をさせない　　**事故が起きても重傷にならない**

①子どもが登らないように監視する。
②子どもが登ろうとしても登れないようにする。
③子どもが落下しても傷害が重症化しないように、接地面を工夫する。

図表3-8　実行可能な予防策

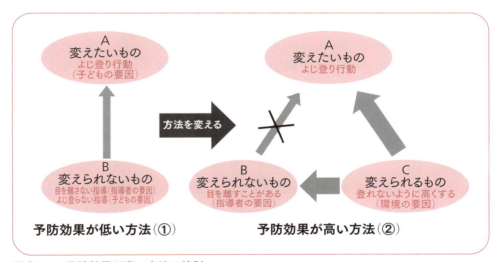

図表3-9　予防効果が高い方法の検討

例えば、次の事例があります。

● 事故事例

園庭にある円筒形の排水溝（直径約30㎝、深さ約35㎝）に、通園していた男児が頭を突っ込み、たまった水で溺れているのを保育者が見つけた。救急隊の到着時は心肺停止の状態だったが、その後一命をとりとめ、約1か月後に退院した。

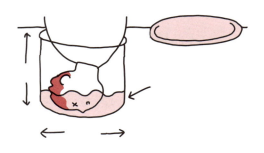

事故の場面を見ている保育者がいれば防げたかもしれませんが、実際には監視だけで事故を防ぐのは難しいことを示す事例です。指導者の要因として整理することは簡単ですが、これは「変えられない要因（変えにくい要因）」です。このように、すぐに監視体制などの「変えにくい要因」に結びつけてしまう責任追及的な習慣から脱却する必要があります。監視に頼るような予防法ではなく、環境の要因分析に基づいた環境改善を行うことが大切です。そして教育では、「どのようにすれば、少しぐらい目を離しても大丈夫な環境をつくれるか？」を教育することが求められます。

実際の事故調査委員会の検討の場では「〇〇先生はよく事故を起こす」「△△先生が何かをやっていたから事故が起きた」と犯人探しをすることがあります。たまたまそばにいたのがその先生で、「誰にでも起こり得ることではないか」と考えることが大切です。

その際、「変えられる化」（ABC）の考え方を使って、この対策法は本当に実行できるものだろうか？（変えられることをやっているのだろうか？）、数分間目を離すと何が起こるだろうか？（本当は変えられないものではないか？）と考えて対策をとるとよいでしょう。

また、園の中だけで予防法を検討するには限界もあります。最新の予防法に関する研修会に参加したり、例えば、慣れない野外に出向く場合には、野外保育の専門家に聞いてみたり、設置状況を知らないような古い遊具がある場合には、遊具の専門家に聞いてみるなど、多職種連携を進めることも、タコツボ的な対策から脱却し、効果的な予防法を開発するのに役に立ちます。

予防法の実践

　実は、「予防法の開発」と「予防法の実践」は大きく異なっています。予防法を考えつくということと、それが施設内で浸透し機能することは異なります。

　例えば、保育者の見ていない時に子どもが一人で階段を上り下りしないよう、階段の出入り口に柵を設置するという規則があったり、誤飲を防ぐために、小さなものは子どもの手の届かない場所に置くという規則がある園も多いのではないでしょうか。傷害予防に対する重要性の認識が高まっている現在、さまざまな予防策をとろうとしている園が多いと思いますが、実際にその対策を毎回、確実に実施することは簡単ではありません。ここでは、予防策と実践の間にあるギャップについて考えます。

　予防の実践では、多くの要因が複雑にからんでいます。例えば、人によって予防に対する重要性の認識レベルも異なれば、重要だとはわかっていても自分の施設内では起こらないと思っている人もいるかもしれません。予防方法が複雑で面倒な場合には、実際に実施する意欲を妨げることにもなるでしょう。

　それでは、どうすれば人は予防行動をとろうとするのでしょうか。誤飲予防のための「子どもの手の届かない場所に置く」という予防行動に当てはめて考えてみましょう。

　人が「子どもの手の届かない場所に置く」という予防をするかどうかは、

① どこかほかの保育所ではなく、今いる保育対象の子どもに、誤飲が起こり得ると思っているか

② もし誤飲事故が起きた場合に、窒息死などの深刻な状況が起きるかもしれないと想定できているか

③ 「手の届かないところに置く」という予防行動が誤飲事故を防いでくれると知っているか

④ そもそも、その予防法を実施する際の困難さはないか？（面倒と感じたり、収納する場所が遠いなどは「心理的・物理的バリア」と呼ばれます）

といった多くの要因が、実際の予防行動を実施するかどうかに影響しています。

　これは、予防を行動に移す際の基本的な考え方で、ヘルス・ビリーフ・モデル（Health Belief Model）として知られています。ポイントは、「子どもの手の届かない場所に置く」を含むすべての予防行動を常に「実施」してもらうには、「予防行動を実施しよう」という選択を左右している要因を知り、その要因をうまくコントロールすることです。

　そして予防策を保育者や保護者に浸透させ、毎回実施してもらうためには、定

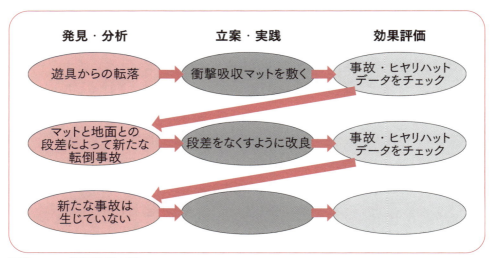

図表3-10　効果評価の例

期的に予防策の効果を評価し、予防行動が維持できているかどうか、もしできていない場合は、何がその行動を妨げているのか、どうしたら行動につなげられるのかを検討することを繰り返すことが必要で、それを実行できれば、子どもを事故から守り続けることになります。

予防法の効果評価

「科学的傷害予防の基本手順」に従い、リスクを発見して、分析し、立案・実践するところまで行うと、そこで安心してしまいたくなりますが、最後のステップである「効果評価」も忘れずに行いましょう。このステップの目的は次の2つです。

① リスクの対処（危険回避）が、有効かどうかの確認
② 変化したリスクや新たなリスクをとらえる

②が必要な理由は、リスクそのものが完全に排除されないまま現場に存在しており、それがほかの要因と重なることによって、時には大きなリスクに変化したり、新たな別のリスクが現れることがあるためです。必要に応じて、再び「発見」「分析」「立案」「実践」の基本手順を繰り返し実行します。　　　　◆

ワーク04 ▶

ABCの考え方を使って、リスクの対処を考えよう！

【ねらい】

各現場におけるリスクの具体的な対処・対策を検討・共有することで、組織内の安全管理や科学的傷害予防に一貫性をもたせる。

【やってみよう】

ワーク03で発見したリスクについて、ABCの考え方を使って、「変えたいもの」「変えられるもの」「変えられないもの」の観点から整理してみましょう。

【ポイント】

グループで発表することで、「変えられるもの」に入っているものの、実際には「変えられないもの」がないか探してみましょう。数秒間目を離すと起こること、数分間目を離すと起こることについて議論してみましょう。

ワーク03で洗い出したすべてのリスクを検討することが理想ですが、限られた時間の中では、優先度の高いもの、つまりダメージの大きさが重症以上になりそうなもので、かつ発生頻度の高いものから順に検討しましょう。

また、仮に一人でも重症以上のダメージを想定したリスクがあると指摘した場合は、プログラムをスタートさせる前に、完全に排除するか、病院を受診しなくてもよいレベルにまでダメージが小さくなる対処・対策を施した上で開催しましょう。

> **コラム**

「けがからの学び」について

　「けがをすることからも学びがある」のではないでしょうか？こうした質問を耳にすることがありますが、保育や教育の場面では、次の2つの理由から「けがからの学び」には賛成できません。

・指導者が、保育や教育現場でけがを容認してしまうと、リスクが放置され、やがてヒヤリハットから小事故、そして大事故へとつながる可能性が高くなります。

・発見したリスク（＝危険予知）に対して「けがからの学び」を理由に何の対処も行わない（＝危険回避しない）ことは、法的にみて指導者が注意義務（危険予知と危険回避）を怠ったとして「過失」が認定される可能性が高くなります[※]。

　※仮に、指導者の「過失」が認定された場合、指導者は民事責任（損害賠償の支払い）、刑事責任（懲役や禁固、罰金の支払い）、行政責任（資格の取消や営業停止）などの法的責任を負うことになります。

　改めて原点に立ち返ると、保育者・指導者が日々子どもに向き合う目的は「けがから学ばせる」ためではないはずです。保育や教育の本来の目的や狙いから、学びのリスクは検討されるべきです。

家庭への科学的傷害予防の普及に向けた保育・教育施設の役割

　ここまで「科学的傷害予防の基本手順」の4つのステップについて詳しく学んできました。職員による園内研修だけでは成果を上げることが難しい場合、外部講師を招いて取り組んでみることをお勧めします。立場を超えた意見交換を円滑に行う「ファシリテーター」としてのスキルをもつ講師に依頼することができれば、効果的かつスムーズに、園全体で科学的傷害予防に取り組む仕組みがつくれるのではないかと思います。

　日頃の継続した実践を通じて、園内の科学的傷害予防にある程度の成果や見通しが立ったならば、次は家庭に科学的傷害予防の考え方を普及することに力を注ぐことも、保育・教育施設の役割の1つといえます。

　今回紹介したワークを保護者向けにアレンジすることは、すでに園内で経験を積み重ねたみなさんならばそれほど難しくないだろうと思います。

　例えば保護者会などの機会に、各家庭での「家の中」「通園路」「よく行く外出先」などでふだん感じているリスクを、4〜5名のグループをつくって洗い出すというワークをやってみるだけでも、子どもを事故から守る保護者のスキルアップに貢献できます。その際は、本書で取り上げられている具体的な事例（特にリスクの高い「食事、睡眠、水遊び」など）について情報提供することで、一人ひとりの子どもを取り巻く環境がより安全性の高いものになることが期待できます。

　第4章、第5章では、科学的傷害予防の基本手順を実施する際に有用なツールや知識に関して解説します（**図表3-11**）。

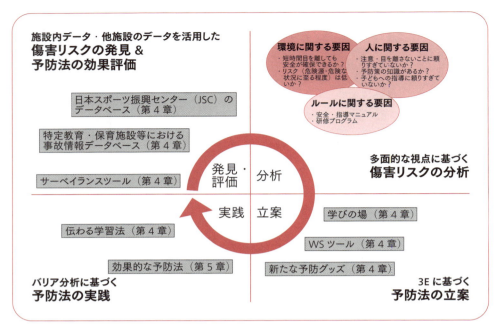

図表3-11　傷害予防の手順と第4章以降で紹介する有効なツール

ポイント

- 傷害予防は、リスクの発見および予防法の効果評価、リスク分析、予防法の開発、予防法の実践の4段階のループで進められる。
- 予防策の実行のためには、当事者意識を高める工夫、実行を妨げている要因の分析をするなどの工夫が必要となる。
- 公開されているデータを使って、施設で起こり得る事故を予見することができる。
- 多職種連携により、今まで気づかなかった新しい予防策に気づけるようになる。

参考文献

ISO/IEC Guide51 Safety aspects──Guidelines for their inclusion in standards JIS Z 8051「安全側面──規格への導入指針」日本規格協会, 2015.

国土交通省「都市公園における遊具の安全確保に関する指針（解説版）」2002.

日本スポーツ振興センター『学校の管理下の災害（平成29年版）』日本スポーツ振興センター学校安全部, 2017.

プレイワーク研究会『子どもの"遊ぶ"を支える大人の役割：プレイワーク研修テキスト』こども未来財団, 2011.

第 **4** 章

予防につながる
事故・ヒヤリハット
データの収集と
予防への取り組み

保育・教育施設で起こった事故やヒヤリハットを
予防につなげるためのデータの収集、予防への活用法を考えます。

予防のための事故・ヒヤリハットデータの記録

予防につながらない、記録のための記録

　子どもの傷害予防を行うためには、事故やヒヤリハットのデータを記録して、どんな問題が起きているのかを把握することが重要です。問題を知らなかったり、日々の経験だけに頼ると、印象的な事故だけが気になったり、自分が現場を見ていた事故だけが気になるといったことが起こり、事故の実態とはずれてしまいます。最近では、保育所や幼稚園の自主的な取り組みや自治体の管理によって、事故が起きた場合に記録をつけるようになっていると思います。

　しかし、事故の記録は残っても、予防につなげるためにデータを活用することは難しいのではないでしょうか。そこでここでは、予防のために活用可能なデータの集め方について解説し、その活用例について紹介します。

　事故のデータを記録して集める目的は、保護者への説明、保険の請求、自治体への報告などさまざまありますが、これらはあくまでも事後の対応です。最も重要なのは、起きてしまった事故から学び、予防策を実施し、同じ事故を繰り返さないことです。そのためには、事故の原因を把握し、予防策を考えるために必要な情報を記録する必要があります。

　保育所や幼稚園での事故の記録を見ると、謝罪ばかり書かれているものを見かけますが、これらは残念ながら、予防には役立ちません。まずは目的をはっきりと意識して、情報を記録することから始めましょう。

● 予防に向けたデータを集める

　子どもの傷害を予防するためには、事故に関連する要素を整理して、なぜ事故が起きてしまったのか、なぜその事故によってけがをしてしまったのかを検討して、今までのやり方や環境を変えることが重要です。何を変えるのかについて

は、第2章で解説しているとおり、環境、教育、法律（ルール）の3つが基本になります。つまり、事故のデータを集めて整理したときに、どんな環境で起きた事故だったのか、その事故が起きた時の子どもや職員同士のルールはどうなっていたのか、何がわかっていれば事故を防ぐことができたのか、といったことがわかるデータの集め方をする必要があります。

例えば、"園児が園庭の遊具から転落して頭蓋骨を骨折した"という情報があった場合、この情報から具体的に予防につなげることができるでしょうか。できるとしたら、"遊具から転落する事故があったので、遊具で遊ばせるときは気をつけて見守りましょう"という注意喚起をするくらいでしょう。

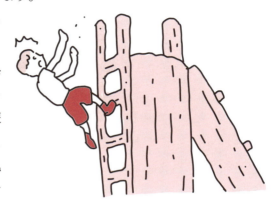

起きてしまった事故から学んで対策をとった気分にはなるかもしれませんが、実際には、どのようにして見守るのか、何に気をつける必要があるのか、といった具体的な行動をとることが難しいので、そのうちに、以前と同じ見守りの状態になり、また同じ事故が繰り返される、ということになりかねません。具体的に何かを変えたり、変えることができる状態にしなければ、予防することはできません。遊具から転落した事故の事例は、何歳何か月の園児が、どの遊具で、どこにいるときに、何をしていて、どのようにして転落し、落下した高さはどのくらいか、どこに頭部をぶつけたのか、ぶつけた場所の材質は何か、ぶつけた場所はどんな形状をしていたのか、といった情報がわかると、予防のために具体的に変えられる対策を検討することができます。

例えば、"その遊具に登って遊ぶことが十分にできる4歳児以上だけが遊んでいいルールにしよう" "頭部をぶつけた場所は硬い材質なので、衝撃吸収材を取り付けよう" "複数の園児が同時に登ると、ぶつかったり、バランスがとりづらい登り方しかできなくなるので、1人ずつ順番に登らせるようにしよう"といった具体的な対策が考えられます。

事故情報を記録するときには、このように具体的に変えられるものの情報が入っているかどうか確認するといいでしょう。また、事故に関係した物や周囲の状況を文章だけで説明するのは難しく、現場にいなかった人には伝わりにくいので、写真を撮影して添付しておくと、事故の状況がわかりやすくなり、予防策を考える上でも有用です。

事故情報の記録

　事故情報の記録の仕方について、もう少し詳しく考えてみましょう。事故が起きて子どもがけがを負うまでには、"事故が起こる前""事故が起こる瞬間""事故が起こった後にけがを負うまで"、といったプロセスがあります。予防を実施するタイミングも、"事故が起こる前の状況にしない""事故が起こりにくくする""事故が起こったとしても重症なけがを負わないようにする"など、それぞれの対策があります。前述の遊具から転落した事故を対象に、予防策の例をあげます。

　"事故が起こる前の状況にしない"対策は、"その遊具では4歳児以上だけが遊んでいいルールにする""その遊具の階段以外から登ると、転落する可能性があるので、階段以外から登れないように柵やネットを取り付ける"といったように、子どもをリスク対象に近づけないようにします。"事故が起こりにくくする"対策は、"転落した場所に柵を設置して転落しないようにする""複数人で同時に登ると転落しやすい状況になるので、1人ずつ登るルールをつくる"といったように、事故が発生する原因を取り除く対策です。"事故が起こったとしても重症なけがを負わないようにする"対策は、"転落が起こりやすい場所の地面にマットを敷いて、衝撃を和らげるようにする"といったように、事故が起こった場合に子どもの身体に与える影響を小さくする対策です。これらを整理したものが**図表4-1**です。

　このように、事故が起こるまでの状況の変化について、3つの視点で対策を考えることができるように、事故情報を記録する必要があります。今まで記録した事故の情報を見直して、この図表を埋めることができるかどうかを検討すると、不足している情報が見えてくるでしょう。

　事故の情報を記録する際に、環境を変えるために役立つ情報について、事故の種類ごとに項目をあげたので参考にしてください（**図表4-2**）。　　　　　◆

	事故が起こる前の状況にしない	事故が起こりにくくする	事故が起こったとしても重傷なけがを負わないようにする
環境を変える	ネットや柵の設置による登れる場所の限定	柵の設置	マットを敷く
ルールを変える	4歳児以上だけが遊んでよい	1人ずつ登る	遊ばせる前に、マットが敷かれているか、破損がないかをチェックする
教育を変える	4歳児以上だけが遊ぶルールを職員で共有する	1人ずつ登るというルールを職員で共有する	なぜマットを敷くのかを共有し、どこにどのように敷くのかを職員で共有する

図表4-1　予防策のタイミングと変え方

- **転倒・転落**
  - ―転落した高さ
  - ―衝突した物の形状・材質
  - ―高所へのアクセス手段
  - ―防護柵などの有無
  - ―乗り越えて転落した場合は、乗り越えた場所の高さ
- **衝突**
  - ―衝突した場所
  - ―衝突した物や人
  - ―衝突した物の材質
- **熱傷**
  - ―原因物体
  - ―温度
  - ―原因物体が置かれていた場所や高さ
  - ―原因物体へのアクセス手段
- **溺水**
  - ―原因物体
  - ―水位
  - ―水が入っていた容器などが置かれていた場所やその高さ
  - ―置かれていた場所へのアクセス手段

- **誤飲・誤嚥**
  - ―原因物体
  - ―大きさ
  - ―硬さ
  - ―置かれていた場所や高さ
- **交通事故**
  - ―原因物体
  - ―道路や道路に配置されている物などの環境情報
  - ―乗車していた物と衝突対象物との位置関係や動き
  - ―自転車に乗車していた場合
    - ・ヘルメット着用の有無
    - ・ベルト着用の有無
    - ・乗車位置（子ども用座席、抱っこひもなど）
  - ―自動車に乗車していた場合
    - ・チャイルドシート着用の有無
    - ・乗車位置（助手席、後部運転席後ろ、後部助手席後ろなど）

図表4-2　事故の種別に記録すべき要素例

予防のための事故・ヒヤリハットデータの記録　049

既存の事故データベースの活用

他園等の事例を学び、自園の予防策に役立てる

　事故のデータは、予防策を考える上では重要ですが、通常は1つの園で死亡や重篤な障害を負うような事故が多発することはあまりないため、重大な事故が起こって初めてリスクがあったことを把握する場合もあると思います。そのような事態を防ぐため、公開されている事故のデータを活用することで、同じような事故が自分の園でも起こる可能性がないかを検討することができます。

　ここでは、保育所や幼稚園での事故について、一般に公開されていて、誰でも活用可能なデータベースを紹介します。

● 特定教育・保育施設等における事故情報データベース（内閣府）

　このデータベースは、「特定教育・保育施設等における事故の報告等について」（平成29年11月10日府子本第912号・29初幼教第11号・子保発1110第1号・子子発1110第1号・子家発1110第1号）に基づき、内閣府・文部科学省・厚生労働省に報告のあった事故の情報について、内閣府が集約したデータをエクセルファイルやPDFファイルで公開しています[※1]。これは、以下の施設や事業を対象に、事故の情報を収集したものです。

※1　2018年11月現在、ダウンロード可能なページは、http://www8.cao.go.jp/shoushi/shinseido/outline/

050

- 特定教育・保育施設
- 幼稚園（特定教育・保育施設でないもの）
- 特定地域型保育事業
- 延長保育事業、放課後児童クラブ、子育て短期支援事業、一時預かり事業、病児保育事業及びファミリー・サポート・センター事業
- 認可外保育施設

対象となる事故は、次のように死亡や重篤な事故です。

- 死亡事故
- 治療に要する期間が30日以上の負傷や疾病を伴う重篤な事故等（意識不明（人工呼吸器を付ける、ICUに入る等）の事故を含み、意識不明の事故についてはその後の経過にかかわらず、事案が生じた時点で報告すること）

このデータベースに含まれる項目は、次の事柄です。

- 施設・事業の種別
- 事故発生時期（月、時間帯）
- 事故発生場所
- 事故発生時の体制（子どもの人数、教育・保育等従事者の人数）
- 子どもの年齢・性別
- 事故状況（発生状況、死因、負傷の種別、受傷部位、診断名）
- 事故の誘因
- 事故発生の要因分析　等

既存の事故データベースの活用　051

● 学校事故事例検索データベース
　　（日本スポーツ振興センター）

　このデータベースは、災害共済給付制度に加入した施設や事業の管理下で生じた事故や疾病のうち、主に療養に要する費用の総額が5000円以上のものに対して給付される保険制度の申請のために提出された情報です。これらの情報のうち、死亡事例と障害を負った事例に関しては、日本スポーツ振興センターのサイト上で検索できます[2]。このデータは、次の施設や事業を対象に事故の情報を収集したものです。

- 義務教育諸学校
- 高等学校
- 高等専門学校
- 幼稚園
- 幼保連携型認定こども園
- 高等専修学校
- 保育所等
  ―保育所
  ―保育所型認定こども園
  ―幼稚園型認定こども園の保育機能施設部分
  ―地方裁量型認定こども園
  ―特定保育事業

　対象となる事故は、次のように死亡や重篤な事故です。

- 死亡事故
- 障害発生事故

　このデータベースに含まれる項目は、次の事柄です。

---

[2]　2018年11月現在、検索可能ページは、https://www.jpnsport.go.jp/anzen/anzen_school/anzen_school/tabid/822/Default.aspx

- 死亡・障害の種別
- 学校種別
- 子どもの年齢・性別
- 事故発生時の活動
- 事故発生場所
- 遊具など
- 事故状況

このデータベースでは、施設や事業を保育所や幼稚園に絞って検索することが可能です。また、死亡や障害のデータだけでなく、災害給付制度の申請があったすべてのデータを分析した報告書が年度ごとに出ており、同じく日本スポーツ振興センターのサイト上で閲覧可能です[3]。

● データベースの活用法

紹介した2つの事故データは、特に重症度が高い事故を把握するのに有用です。活用する際は、例えば事故が発生した場所ごとに整理して、自園で同様の事故が起こる可能性がないか、同様の事故が起こる可能性がある場合、いつ・どこで・どういう状況で起こる可能性があるか、予防するための対策が具体的な3E（環境改善、教育、法律（ルール））で実施されているのかを検討するとよいでしょう。

また、実際に園で起こっている事故と、類似した事故で重症になったり死亡しているケースがないかについて検討すると、たまたま軽症ですんでいる事故が重症な事故になる可能性があることに気づくきっかけになります。そのような事故があった場合には、軽症の場合と重症や死亡に至った場合の違いを検討し、重症や死亡に至る要因を把握し、その対策が具体的な3Eで実施されているかを検討するとよいでしょう。

対策について検討する場合、予防のための対策が「気を引き締めて見守る」「遊具で子どもたちが安全に遊べるように指導する」といったように漠然としたルールで、具体的に行動がとれない対策になっていないかという点を常に頭に入れて検討してください。すでに予防策を実施している場合は、その予防策で実際に事故の発生を予防できているか、実際にやってみると手間がかかりすぎてでき

---

[3] 2018年11月現在、アクセス可能なページは、https://www.jpnsport.go.jp/anzen/kankobutuichiran/tabid/467/Default. aspxで、「学校の管理下の災害」という報告書にまとまっています。

既存の事故データベースの活用　053

ないといった問題がないか、予防策によって別の事故が発生していないかについても検討すると、効果がない予防策や、実際には実施されていない予防策に気づくことができ、改善のきっかけになります。予防策の実施とその効果の評価はセットで行うようにしましょう。 ◆

職員・教員への研修

　保育者のみなさんは、日々、子どもだけでなく保護者とも接点があるので、傷害予防活動を展開する場合の中核となることが期待されています。近年では、保育施設における傷害予防の認識が高まり、さまざまな研修やセミナーが行われるようになりました。ここでは、筆者らが取り組んでいる職員向けの研修を紹介します。

傷害予防教育セミナー（日本小児保健協会）

　傷害予防教育セミナーは、2013年から毎年、日本小児保健協会学術集会の開催に合わせて実施しています。本セミナーの目的は、事故による傷害を科学的に予防するための方法論を学び、また、実際に現場で使用できるツールを紹介しながら、参加者に現場に戻った後に実践する具体的なアクションプランを考えてもらうことです。

　毎年、前半を座学、後半をワークショップ形式で実施しています。座学では、小児科医、看護師、傷害予防の専門家を中心に、子どもの傷害の実態と予防の基本的な考え方、予防につながる傷害データの収集とその役割、予防のために活用できるツールの紹介、学校現場や地域での傷害予防活動の具体例などについて議論します。ワークショップでは、学校の校舎内、公園、道路など、さまざまな場面で想定される事故の場面が描かれたイラストを用いて、座学で学んだ知識をもとに予防策を考え発表します。2017年度のカリキュラム（**図表4-3**）とワークショップの様子（**図表4-4**）を紹介します。

子どもの傷害予防リーダー養成講座（Safe Kids Japan）

　NPO法人Safe Kids Japanが主催する子どもの傷害予防リーダー養成講座では、

1. 子どもの傷害の実態と傷害予防の考え方		14:00～14:15
目標	事故は死亡原因の第一であることを学ぶ 傷害予防の基本的な考え方を学ぶ	
内容	● AccidentからInjuryへ考え方を変える ● 繰り返される事故の実態 ● 変えられる化アプローチ	
参考資料	パワーポイントのスライド:「傷害予防の基本」	
2. 予防につながるデータ収集の方法		14:15～14:30
目標	傷害データの聞き取り方法を学ぶ	
内容	● 医療機関における聞き取り方法 ● Injury Alert報告に至った事故事例など紹介	
参考資料	「傷害サーベイランスのDVD」	
3. データを活用した科学的な傷害予防のツール		14:30～14:45
目標	データを活用した科学的事故予防の実践を学ぶ	
内容	● 環境改善例（基準・製品改善、身の回りの改善例） ● 学校安全のための傷害サーベイランス・教材・評価ツール ● その他、科学的事故予防ツール（書籍、Do it yourself チェック法）	
教科書 参考資料	「学校用傷害サーベイランス　ソフトウェア紹介のためのパワーポイント」」「地域での啓発のためのパワーポイント」「ツールのカタログ」「SKJパンフレット」「最新資料（東京都：ボタン電池、チャイルドシート、歯ブラシの危険）」	
4. 地域での科学的傷害予防の実践		14:45～15:00
目標	小学校・中学校で活用可能な教材やプログラムを学ぶ	
内容	● 地域を巻き込んだ傷害予防活動（Love&Safetyおおむらの紹介） ● 保育所・幼稚園・医療機関でのサーベイランス ● 地域で実践した介入とその評価	
教科書 参考資料	「小学校・中学校で活用可能なパワーポイント（校舎・校庭・交通事故・スポーツ外傷）」「保育園・自転車・遊具の危険地図」	
休憩　10分		
5. 傷害予防ワークショップ		15:10～16:30
目標	現場でのアクションプランを考える	
内容	いくつかの危険地図を用いて具体的状況を想定し、「変えられるもの（アクション）」を具体化する	
参考資料	A1サイズの危険地図	

図表4-3　傷害予防教育セミナーのカリキュラム（2017年度）

図表4-4　ワークショップの様子

1日目			**2日目**	
13:30〜15:00	**子どもの傷害を予防する**			**溺れ**
	変えられるものを見つけ、変えられるものを変える		9:30〜11:00	統計データや実験データで考える溺れ事故
	講師：山中龍宏			講師：北村光司
	NPO 法人 Safe Kids Japan 理事長			NPO 法人 Safe Kids Japan 理事
	小児科医　緑園こどもクリニック院長			産業技術総合研究所 主任研究員

1日目

13:30〜15:00	**子どもの傷害を予防する** 変えられるものを見つけ、変えられるものを変える 講師：山中龍宏 　　　NPO 法人 Safe Kids Japan 理事長 　　　小児科医　緑園こどもクリニック院長
15:15〜16:45	**火災に負けない子どもになるよ！** 自分で自分の身を守る子どもになるために 講師：長谷川祐子 　　　一般社団法人 リスクウォッチ代表 　　　元在日米海軍消防隊予防課長
17:00〜18:30	**誤飲と誤嚥** そのメカニズムを知り、具体的な予防策をとるために 講師：林幸子 　　　国立成育医療研究センター救急センター 　　　副看護師長　小児救急看護認定看護師
18:30〜19:00	**子ども達に使ってほしい！安全な製品のご紹介** キッズデザイン賞受賞製品を中心に、子ども達の安全に資する製品やサービスをご紹介します

2日目

9:30〜11:00	**溺れ** 統計データや実験データで考える溺れ事故 講師：北村光司 　　　NPO 法人 Safe Kids Japan 理事 　　　産業技術総合研究所 主任研究員 **遺族として伝えたいこと―教訓をいかすために** 地域社会と共に進めるライフジャケット着用啓発活動 講師：吉川優子 　　　一般社団法人 吉川慎之介記念基金 　　　代表理事
11:15〜12:45	**転落** 続発する高所からの転落を「Guide50」の視点から考える 講師：森山哲 　　　技術士 　　　公益社団法人日本技術士会登録 　　　「子どもの安全研究グループ」代表
12:45〜14:00	**昼食 / 子ども達に使ってほしい！安全な製品のご紹介** キッズデザイン賞受賞製品を中心に、子ども達の安全に資する製品やサービスをご紹介します
14:00〜15:30	**交通事故** 自転車事故とチャイルドシートを中心に 講師：西田佳史 　　　NPO 法人 Safe Kids Japan 理事 　　　産業技術総合研究所 首席研究員
15:45〜17:15	**保育・学校現場で起きる事故** 何が起こっているのか、どうすれば防げるのか 講師：寺町東子 　　　弁護士（東京きぼう法律事務所） 　　　社会福祉士
17:15〜17:45	**今、私たちにできること** 講師：山中龍宏

図表4-5　子どもの傷害予防リーダー養成講座日程表（2018年度）

基本的な予防の考え方だけでなく、火災、誤飲・誤嚥、転落、溺水、交通事故、保育・教育現場での事故など、具体的に専門的な知識を学ぶことができます。講師には、小児科医をはじめとした医療関係者のほか、技術士、工学者、弁護士など、子どもの傷害予防の専門家が講義を担当します。参考までに、2018年1月に実施した養成講座の日程表を紹介します（**図表4-5**）。

児童・生徒・保護者への傷害予防教育・啓発方法

　子どもの頃に培った健康行動（運動習慣や食生活など）は、その子どもの生涯にわたり大きな影響を及ぼすといわれ、傷害予防のための安全行動も、幼児期から児童期に獲得すべき6つの行動の1つにあげられています[4]。最近では、安全教育の重要性への認識が高まり、地域全体で傷害予防に取り組むセーフコミュニティ（SC）やその学校版であるインターナショナル・セーフスクール（ISS）、大阪教育

※4　Fisher, C., Hunt, P., Kannm L., Kolbe, L., Patterson, B., Wechsler, H., Building a healthier future through school health programs.

大学が推進しているセーフティ・プロモーションスクール（SPS）など、地域や組織レベルでの傷害予防への取り組みも広がりを見せています。

　ここでは、保育所で取り組んだ安全授業と保護者を対象とした傷害予防教育を紹介します。

● 幼児を対象とした安全授業の取り組み

　まず、埼玉県秩父市で取り組んだ事例を紹介します。埼玉県秩父市は2015年11月15日、世界で363番目のセーフコミュニティに認証され、地域全体で傷害予防活動に取り組んでいます。セーフコミュニティでは、子どもから高齢者までの傷害予防活動を推進していますが、秩父市は、特に幼児から始める傷害予防活動に力を入れている地域です。幼児期から身の回りの危険を伝え、子どもの安全行動を促すことを目的としています。具体的には、5歳児クラスの子どもを対象に、約30分の安全授業を行っています。安全授業の流れは、次のとおりです。

1. けがの経験について子どもに話してもらう

　ポイントは、同じ事故は多発していて、予防することが大切であることを伝えることです。例えば、子どもの経験談に「友達とぶつかった」「転んだ」などが複数回出た場合には、「同じ事故が起こっているね」と声がけをするとよいでしょう。

2. 傷害予防の3Eを伝える

　傷害予防の3Eを「ルールを決めよう、危ないところを直そう、教え合おう」と、子どもが理解できる言葉に変えて伝えています。環境改善について「危ないところを直そう」と教える時には、子ども自身が危険な個所を直すことはできないので、「危ないところを見つけたら、大人や先生に伝えよう」と教えるとよいでしょう。

3. 危険な場所を見つけ、予防のために何ができるかを話し合う

基本的な考え方を学んだ後は、大人向けの研修でも活用している事故の場面を描いたイラストを使って、子どもに危険な場所を見つけてもらい、けがを予防するために何ができるかを話し合ってもらいます。具体的には、「お友達とぶつからないよ

うにするには、どんなルールをつくるといいかな？」「危ないところがあったら、すぐに先生や大人に伝えてね」と、3つのEに合わせて問いかけをするとよいでしょう。

秩父市の保育所で安全授業を行った時の様子を**図表4-6**に示しました。この時期から身の回りにある危険を学習することで、園児も安全な行動を自らとれるようになり、園生活の中でけがの予防の話をする機会を定期的に設けることはとても有効な活動です。

● 保護者を対象とした傷害予防教育

保育士のように、日常的に保護者とコミュニケーションをとる立場にある人は、傷害予防の重要性を伝える教育者としてとても大切な存在です。法制化や製品・環境改善だけでは傷害予防が機能せず、実際に法律やルールを守ったり、対策された製品を使ったり、行動したりするように教育する必要があります。また、法制化や製品・環境改善で取り除くことのできないリスクもあり、行動変容

図表4-6　保育所での安全授業の様子

という人の努力によってリスクが軽減できるように教育する必要もあります。

　例えば、チャイルドシートの使用は法律で義務づけられており、その有効性も証明されています。しかし、安全性が確保されるチャイルドシートも、保護者に購入してもらって毎回正しく使用してもらわなければ、子どもの命を守る効果は発揮できないのです。このように、保護者への予防教育や啓発活動は、子どもの事故を予防するためにとても重要な役割を担っています。

　保護者に傷害予防の重要性を伝える時、ただ伝えるだけで予防につなげることは難しいものです。傷害予防教育で一番大事なことは、その教育に効果があったかどうかを検討することです。例えば、事故予防のためのパンフレットを配布したり、保護者に向けた教育セミナーを実施した場合、活動の前後で保護者の意識が変わったかどうか、具体的な予防策を実施している人が増えたかなどを、アンケートや目視調査を行って活動の効果を確認することが大切です。もし、保護者の意識や行動にまったく変化がみられない場合には、活動内容を再検討し改善する必要があります。教育効果のある活動を実践するためにも、活動の評価は必ず行うようにしましょう。

　ここでは、筆者らがこれまでに取り組んだ保護者への啓発活動を紹介しながら、保護者に伝えてほしいポイントをお伝えします。

● 事例1：ボタン電池の危険

- 自宅で誤って、体温計に入っていたボタン電池を誤飲した（**1歳・男児、中等症**）
- 親が目を離した隙にキーホルダーで遊んでおり、中に入っていたボタン電池が1個なくなったため、誤飲したと考え、救急要請となった（**1歳・女児、中等症**）
- 子どもが遊んでいたタイマーのボタン電池がないことに気づき、周囲を探しても見つからないため、子どもが飲み込んだ可能性があるとのことで救急要請した（**1歳・男児、重症**）

出典：東京都生活文化局「子供に対するコイン形電池等の安全対策〜東京都商品等安全対策協議会報告書〜」2頁、2015. をもとに作成

ボタン電池の誤飲の現状

　近年、ボタン電池は、リチウム電池のように従来よりも2倍ほど高い電圧（3V）のものが開発され、おもちゃやカメラ、ゲーム機、リモコンなどで広く利用されています。そして、それが子どもの誤飲リスクを高めており、誤飲した電池が食

道にひっかかって死亡する事故も報告されています[5]。現在、ボタン電池の誤飲は世界中で問題となっており、消費者教育の必要性が指摘されています[6]。

日本でも、ボタン電池を含む乳幼児の誤飲に対し、東京消防庁が報道発表を行うなど、保護者の注意を促す活動が始まっています。東京消防庁によると、2007年から2011年までの5年間で、日用雑貨品などを誤って飲み込む事故は270件発生しており、そのうちの84件は、ボタン電池を含む電池の誤飲でした[7]。

実験1：アニメーションを活用したボタン電池の誤飲予防教育の効果検証

これまでに産業技術総合研究所が取り組んできた研究結果によると、文章や静止画よりもアニメーションのほうが保護者教育に効果的であること、また、レントゲン写真などを用いてボタン電池が食道に引っかかっている写真を見せると教育効果が増すことがわかっています[8]。これは、アニメーションのほうが保護者の「事故に対する恐怖感」を高め、予防行動を起こす可能性が高いことを意味しています。そこで、**図表4-7**に示すようなアニメーションを作成しました。

このアニメーションは、子どもの日常生活のどんな場面でボタン電池の誤飲が起こるのかという発生状況や、ボタン電池を誤飲し、食道に引っかかった時に起こる「びらん」と呼ばれる傷害が発生する様子を動画で見せることで傷害の重症

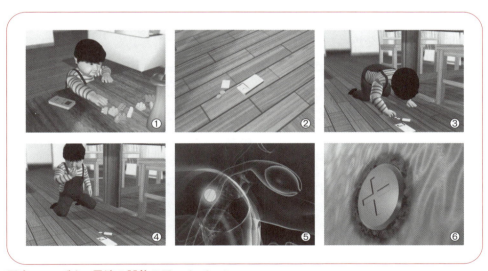

図表4-7　ボタン電池の誤飲のアニメーション

---

[5] Lee, D., Midgett, J., US Consumer Product Safety Commission., "Battery ingestion hazard mitigation", *Injury Prevention*, vol.18, suppl 1, p.A27, 2012.
[6] Litovitz, T., Whitaker, N., Clark, L., White, N.C., Marsolek, M., "Emerging battery-ingestion hazard: clinical implications", *Pediatrics*, vol.125, pp.1168-1177, 2010.
[7] 東京消防庁「乳幼児の窒息や誤飲に注意!!」平成24年9月7日
[8] 掛札逸美「子どもの傷害の「起こりやすさ」に対する保護者の認知」日本健康心理学会、2010.

度を伝え、視聴者にボタン電池の誤飲の怖さを感じさせることが狙いです。

　大切なのは、このアニメーションに教育効果があるのかを評価することです。人の意識を変える効果が弱ければ、教育コンテンツを改良する必要があります。そこで、開発したアニメーションの効果を評価してみました。

アニメーションを活用した予防教育の方法と評価

　アニメーションの効果を評価するため、未就学児をもつ89名の保護者にアンケートに協力してもらいました。89名の参加者には、ボタン電池を口に入れるまでの「びらん」を起こす様子が見えないアニメーション（内部映像なしグループ）と、「びらん」を起こす様子までが見えるアニメーション（内部映像ありグループ）のどちらかを見てもらい、**図表4-8**の質問に回答してもらいました。この質問で、どの程度「ボタン電池の誤飲」事故の怖さを感じているのかを評価しました。

ボタン電池の誤飲で起こる傷害は、どの程度だと思いますか？
1が「まったく問題なし」、10が「致命的」としてお答えください。

まったく問題なし　1○　2○　3○　4○　5○　6○　7○　8○　9○　10○　致命的

図表4-8　重症度の認知レベルに関する質問

　参加者の回答を分析した結果、身体内部の映像を見ても見なくても、重症度の認知に差はみられないことがわかりました。つまり、アニメーションを見せるだけでは、保護者の意識を変えることは難しいことが明らかになったのです。そこで筆者らは、魚肉ソーセージを用いたびらん発生の模擬実験を、新しい教育方法として検討することにしました。

実験2：魚肉ソーセージを用いたびらん発生の模擬実験

　実験の方法は次のとおりです。
① 　魚肉ソーセージを輪切りにする。
② 　切ったソーセージの間にボタン電池を挟み、電池がすべり出てこないようにテープで固定する。
③ 　30分後、ボタン電池を挟んだソーセージを開き、魚肉ソーセージに起こる変化を観察する。

　この模擬実験も、アニメーションと同様に教育効果があるかどうかを検証する

062

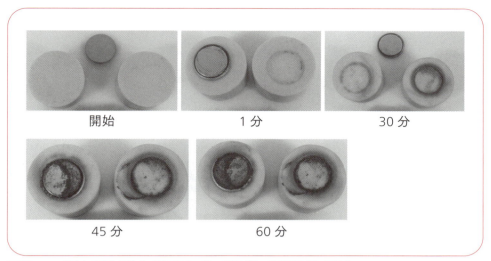

図表4-9　ボタン電池を挟んでからソーセージに起こる時間ごとの変化

ことが大切です。そこで、子どもをもつ105名の保護者に実験に参加してもらい、実験の前後に**図表4-8**の質問に答えてもらいました。実験後には、**図表4-9**のような時間変化の写真も見てもらいました。

　実験前後で、ボタン電池の誤飲によって生じる重症度の認知の違いを比較してみました。その結果、実験前は認知レベルの平均が7.80だったのに対し、実験後には9.24となり、保護者の「重症度の認知」を高めるのに非常に効果的であることがわかったのです。模擬実験の場合、ソーセージに起こる腐食を自分の目でリアルタイムに確認することができるため、傷害の重症度を強く感じ、結果としてボタン電池の誤飲から生じる脅威を感じやすかったのではないかと考えられます[9]。

　この事例で伝えたいことは、どのような情報が人の意識や行動を変えるために効果的なのかを科学的に評価することの大切さです。ボタン電池の誤飲予防の教材として開発したアニメーションは、身体内部で起こる傷害を可視化する工夫を行うことで、傷害の重症度を強く感じるのではないかという仮説のもと作成しました。しかし実際には、アニメーションによる教育効果は弱く、作成者が意図した結果が十分得られていないことがわかりました。その場合には、効果の高い方法を模索することで、より効果のある活動を確実に展開することができ、その知見を蓄積することが子どもの命を守ることにつながるのです。

---

[9]　大野美喜子・西田佳史・北村光司・山中龍宏・出口貴美子「ボタン電池の危険性と科学的予防法の検討」『日本家政学会誌』第67巻第1号、23〜27頁、2016。

> **ポイント**
>
> ボタン電池の誤飲予防のための保護者教育を実践してみよう！
>
> - もしボタン電池を誤飲してしまうと、子どもが死亡してしまう可能性があることを伝えましょう
> - 単に予防の重要性を伝えるだけでなく、保護者の意識を変えられているかどうかを考えてみましょう
> - アニメーションを使って、日常生活で誤飲がどのように起こるのかを見せてあげましょう。アニメーションは次のURLからみることができます http://kd-wa-meti.com/ButtonCell.html
> - 魚肉ソーセージによる実験を実施し、誤飲の危険性を伝えましょう

事例2：チャイルドシートの使用促進

> - 子どもが嫌がって暴れたため、仕方なくチャイルドシートから降ろして運転していたところ、後続車に追突された。後部座席の中央部分に立っていた子どもは、フロントガラスに衝突し、頭部に重傷を負った。

チャイルドシート使用状況の現状

　警察庁の調査によると、チャイルドシート不使用者の死亡重症率は使用者の約2.1倍、不適正使用者の死亡重症率は適正使用者の約6倍であり[10]、万が一の衝突事故から子どもを守るためにチャイルドシートが果たす役割は大きいことがわかっています。一方、道路交通法によって6歳未満の子どもにはチャイルドシートの使用が義務づけられているにもかかわらず、2017年のチャイルドシートの使用率は64.1％であり[11]、多くの子どもの命が危険にさらされています。

　現在、チャイルドシートの使用率を向上させるため、企業や行政が主体となり、啓発活動、取り付けチェック、チャイルドシートの無料貸し出し、購入のための補助金制度など、さまざまな活動が展開されていますが、過去10年以上、チャイルドシートの使用率はほぼ横ばい状態にあり、子どもの年齢が上がるにつ

※10　内閣府「第1章　道路交通事故の動向　第2節　平成26年度中の道路交通事故の状況」『平成27年度交通安全白書』8〜24頁、2015.
※11　警察庁・日本自動車連盟「チャイルドシートの使用状況全国調査」2017.

れて使用率が低くなる傾向は変わっていません。

　保護者がチャイルドシートを使用しない理由としては、「かわいそうだから」「赤ちゃんが嫌がるから」「同乗者が抱いていてくれるから」[12]などが上位にあがり、「チャイルドシートを使用している時と使用していない時とでは、それほど死亡率は変わらない」「近所に買い物などで出かける程度であれば、チャイルドシートを装着しなくても構わない」など、保護者の知識や認識レベルがチャイルドシートの使用率に深くかかわっているといわれています[13]。

　このように、チャイルドシートの使用を促進するには、保護者が正しい知識を学ぶ機会を増やし、意識・行動変容効果の高い教育を継続的に展開することが必要です。

保護者の行動・意識の実態調査

　筆者らは、チャイルドシートの使用実態と保護者の意識を調査するため、6歳未満の子どもをもつ20歳〜49歳の保護者（男女不問）で、車に子どもを乗せて運転する頻度が週に1回以上の人を対象に、2種類のWeb調査を実施しました（**図表4-10**）。

　Web調査①では、独立行政法人自動車事故対策機構（NASVA）から2種類の衝突試験映像を提供してもらい（**図表4-11**）、衝突映像による重症度認知の変化と自己効力感に対する教育効果を調べてみました。ここでの「自己効力感」とは、保護者の「どんな状況になっても、チャイルドシートを子どもに使用させることができるかどうか」に対する自信のことです。重症度認知の変化は、回答者を「映像を見る群」と「映像を見ない群」に無作為に分け、見る群に対して、映像の前後で認知の違いを評価します。自己効力感に対する教育効果は、提示される8つのシナリオに遭遇した場合のチャイルドシート使用に対する自己効力感を10段階（1＝絶対できないと思う、10＝必ずできると思う）で回答してもらい、2群間の違いを調査しました。

　この検証に使用した8つのシナリオは、次のとおりです。

・近所のスーパーまで買い物へ：子どもの機嫌が悪く大泣きしています
・近所のスーパーまで買い物へ：家族（祖父母、配偶者、親族）が「チャイルドシートに乗せるのはかわいそう、自分が赤ちゃんを抱いているから」と言っています

---

[12] タカタ「〜 2012年7月から新安全基準完全適用スタート〜」（http://www.takata.com/pdf/20120613_CRS_Investigation.pdf）
[13] 中田恵美・江幡芳枝「乳幼児をもつ母親のチャイルドシートに対する知識・認識と使用の有無との関連」『九州医療福祉大学学会誌』第18巻第1号、2013.

Web調査①：保護者の行動・意識に関する実態調査

- チャイルドシートの着用状況
  ―以前は着用していたが、今は着用しなくなった理由
- 使用しているチャイルドシートのタイプ
  ―シートベルトでチャイルドシートを固定するタイプを使用している方：
    チャイルドシートをしっかり取り付けられている自信があるか
- チャイルドシートの入手方法
- チャイルドシート着座に対する子どもの抵抗レベル（必ず嫌がる⇔まったく嫌がらない）
- 子どもが嫌がった時にとる行動の種類
- チャイルドシートに関する法律
- チャイルドシートの設置場所
- チャイルドシートなしで事故が起こった場合に起こる傷害の重症度（認知レベル）
- さまざまな状況下でのチャイルドシート使用に対する自己効力感
- チャイルドシート未使用によるけがの経験

Web調査②：チャイルドシート使用に慣れる時期調査

- チャイルドシートの着用状況
- 子どもをチャイルドシートに乗せ始めた時期
- チャイルドシートを嫌がらなくなった時期
- 子どもがチャイルドシートを嫌がる場合、子どもや車内環境の特徴
- 子どもがチャイルドシートを嫌がった場合に、保護者がとる行動

図表4-10　Web調査の調査項目

衝突試験映像1

衝突試験映像2

※この実験は、時速40kmで急ブレーキをかけた場合の映像です。

映像提供：独立行政法人自動車事故対策機構

図表4-11　衝突試験の映像（自動車事故対策機構）

・近所のスーパーまで買い物へ：駐車場に来た時、昨日チャイルドシートを取り外したのを思い出した。もう一度家に戻らなければ、チャイルドシートはない

・自分の実家に戻った時、親に車で迎えに来てもらった。その車にチャイルドシートはない

・配偶者の実家に帰省した時、義理の両親に車で迎えに来てもらった。その車にチャイルドシートはない

・友達が車で迎えに来てくれたが、その車には自分の子ども用のチャイルドシートがない

・チャイルドシートが小さくなったので、チャイルドシートを外した。まだ新しいシートは買っていない

・今、子どもの機嫌はとてもよいが、あなたは、子どもがチャイルドシートに乗るのが嫌いなことを知っている。家までは車で10分程度の距離

　Web調査①は、1008名（男性502名、女性506名）に回答してもらいました。この調査で明らかになったポイントは、次の4点です。

・40％以上の子どもがチャイルドシートの使用に対して"嫌がり"を経験している（「必ず嫌がる」が4.6％、「よく嫌がる」が10.8％、「たまには嫌がる」が25.8％）

・子どもをチャイルドシートに乗せ、ベルトを締めずに運転することがある人が30％以上いる（「時々ある」22％、「結構ある」8.9％）

・子どもがチャイルドシートに着座するのを嫌がった時には、子どもをチャイルドシートから降ろすという選択をしている人が約30％いる

・衝突試験映像は、保護者の「チャイルドシートをしないで事故が起こった場合の重症度の認知」を高める効果があるにもかかわらず、映像を見たことがない人が多い

　次に、8つの日常生活シナリオに対する自己効力感を評価した結果を紹介します。この調査結果の中で特記すべきポイントは、次の2点です。

・自分の親に迎えに来てもらった時よりも、配偶者の親に迎えに来てもらった時にチャイルドシートがない状況のほうが、車に乗るのを「断れる」人が少ない

・子どもにチャイルドシートを使用する状況になった場合、その状況下にいる登場人物が、「自分（親）」と「子ども」の二者のみよりも、「親」や「友達」など第三者が関与しているほうが、保護者の自己効力感が低くなる傾向がある

　このように、どんな状況で保護者の自己効力感が低くなるのかを明らかにすることで、その状況を生まないようにするために何が必要かを検討することができるようになります。例えば、チャイルドシート教育は、子どもをもつ保護者に実施するだけでなく、祖父母への教育を実施したり、レンタルなどの利用を推奨す

ることもできるのではないでしょうか。

　最後に、Web調査②の調査結果をいくつか紹介します。Web調査②には、1002名（男性467名、女性535名）に回答してもらいました。わかったことは、次のとおりです。

・年齢が上がるごとに、使用頻度が半数以下になる割合が増加する

・多くの子どもは、チャイルドシートを使用し始めてから1か月未満で嫌がらなくなるようだが、なかには嫌がらなくなるまでに4年を必要とした子どももいる

・"使用期間の長さ"と"慣れ"は比例しない

・使用の開始から57か月経っても、チャイルドシートを必ず嫌がる子どももいる

　2つの調査で得られた知見の中から、筆者らは次の3点に特に着目し、保護者の実態に沿った教育コンテンツを作成しました。

① 40％以上の保護者は、子どものチャイルドシードに対する嫌がりを経験している

② 約25％の保護者は、子どもがチャイルドシートを嫌がった時に「降ろす」という行動をとっている

③ 衝突試験映像には、事故が起こった場合の傷害の重症度の認知と、チャイルドシートの使用に対する自己効力感を高める教育効果があるが、映像を見たことのない保護者が多い

　これらの結果を踏まえ作成したアニメーションを**図表4-12**に示しました。このアニメーションは、母親が子どもをチャイルドシートに座らせようとするものの、着座するのを嫌がったため、座らせないまま発車し、交差点で事故に遭う状況を再現したものです。

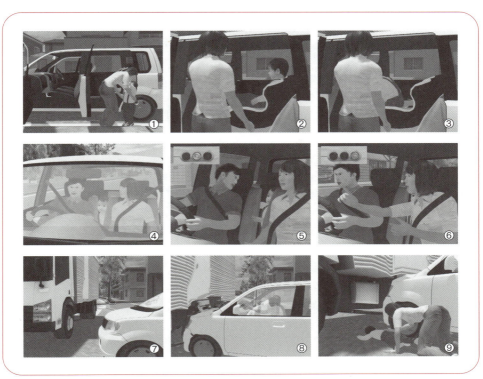

図表4-12　事故状況再現アニメーション

> **ポイント**
>
> 保護者教育を実践してみよう！
>
> - 6歳未満の子どもにはチャイルドシートの使用が義務づけられています
> - 保護者から旅行や帰省などの話題を聞いたら、チャイルドシートの準備状況について聞いてみましょう
> - 帰省など、一時的にチャイルドシートが必要だと思われる場合には、レンタルなどの利用を推奨しましょう

●園児や保護者への傷害予防教育・啓発方法

　ここまで、園児と保護者への啓発活動の事例を紹介しました。実際に幼稚園や保育所で安全教育を実践しようとすると、いつ実施するのか、どうやって実施するのか、誰が担当するのか、何を教えるのかなどの問題が生じます。行政などの承認を得る必要が出てくることもあるでしょう。そんな時にはまず、現場にどんなリソース（資料、啓発活動ができるタイミング、教えることのできる人など）があるの

かを探してみましょう。私たちはこれを「クルージ・アプローチ」と呼んでいます。クルージ（kludge）とは、ある辞書には、次のように説明されています。

"a software or hardware configuration that, while inelegant, inefficient, clumsy, or patched together, succeeds in solving a specific problem or performing a particular task."

つまり、「見た目や効率を気にせず、寄せ集めて課題解決をしよう」という発想です。保育所や学校に今あるリソースをよく見て、使えるものは使ってみるとよいでしょう。

啓発活動を実践する場合に大切なのは、教育効果の高い活動に取り組むことです。魚肉ソーセージの間にボタン電池を挟んで行う模擬実験などは、保護者への教育効果が非常に高いことがわかっていますので、クルージ・アプローチの1つとして実践してみるとよいと思います。また、各事例の最後にまとめた「ポイント」を活用して、保護者への教育に取り組んでみましょう。園などで新しい取り組みを始める場合には、専門家の協力などを得るのもよいのではないでしょうか。NPO法人Safe Kids Japanでは、子ども向け、保育者向け、保護者向けのワークショップなども実施しています。

啓発活動に活用できるツール

ここでは、傷害予防教育に活用できるツールを紹介します。

● 幼児向け教材

幼児向けには、Safety Kidsいずみが作成した紙芝居「どっちがよいこ？」があります（**図表4-13**）。この紙芝居では、窒息事故予防と住宅内事故予防の2つのテーマを柱とし、①スーパーボールによる窒息、②フードやひもによるすべり台での窒息、③かくれんぼの危険、④ベランダからの転落、⑤お風呂でも溺水、⑥歯磨き中の危険という6つの事故を取り上げています。

この紙芝居は、イラストと台本が無料でダウンロードできるようになっています。台本には、事故予防のポイントが記載されており、子どもと一緒に危険を学ぶことができます。Safety Kidsいずみのホームページ（http://www.safetykids-izumi.jp）からダウンロードできます。

● 大人（保護者）向け教材・講座

Safe Kids Japanでは、定期的に「子どもの傷害予防リーダー養成講座」（**図表4-5**）を開催しています。この講座では、「入門：データと事例で学ぶ子どもの事故」「火災・やけど」「誤飲・誤嚥」「おぼれ」「交通事故」「転落」「保育現場の事故」

図表4-13　どっちがよいこ？　のワンシーン

「ふりかえり」から構成され、事故予防の専門家や弁護士が、科学的に事故を予防するにはどうしたらよいかを話します。講座の受講生には、事故予防の専門家として、現場での予防活動を広めていく立場になっていただくことを目標としています。

　また、「歯ブラシの危険」と「電化製品による子どものやけど」に関しては、危険をわかりやすく伝えるパンフレット（**図表4-14**）、「ボタン電池の誤飲」「熱中症」「脳震盪」に関してはSafe Kids Worldwideが作成した動画があります。傷害予防の重要性を伝えるための「どっちが危険？」と「Imagine」という動画も利用可能です。

　「どっちが危険？」では、例えば"洗剤"と"ドラキュラ"、"バケツに入っている水"と"魔女"など2つのイラストを子どもに見せて、どちらが危険だと思うかを質問するものです。子どもの事故は大人が守ってあげる必要があることをわかりやすく伝えることができます（**図表4-15**）。「Imagine」では、事故の状況をデータに基づいて示し、私たち一人ひとりに、予防のためにできることがあることを教えてくれます（**図表4-16**）。

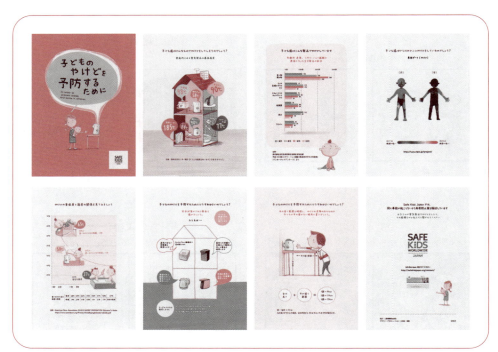

図表4-14　パンフレットの例

図表4-15　どっちが危険?　のワンシーン

図表4-16　Imagineのワンシーン

● 園児から大人まで活用できる教材

　事故を予防するための基本的な考え方を伝える「Moving Upstream：The Story for Prevention」（上流に行ってみよう）という話を動画にしたものもあります。

　あらすじはまず、一人のおじさんが川で溺れている人を救助するところから始まります。溺れた人を助けていると、次から次へと溺れている人が流されてきて、そのおじさん一人ではすべての人を救助するのが難しくなりました。

　そこで、近くを通りかかった女性に助けを求めると、その女性は溺れた人を救助するのではなく、なぜ、そんなに大勢の人が川で溺れるのかを確かめにいくのです。すると、川上にかかっている橋には大きな穴が開いていて、橋を渡ろうとする人がその穴から川に落ちていたのです。その事実を発見した2人は、溺れた人を助けるのではなく、その穴をふさぐことの重要性に気づきます。

　この教材は、予防とは事故の原因を取り除くことであり、また、事故が起こる前に対応することだということをわかりやすく伝えることができます（**図表4-17**）。

　ここで紹介した動画やパンフレットは、すべてSafe Kids Japanのホームページ（http://safekidsjapan.org/）でご覧いただけます。

図表4-17　Moving Upstreamのワンシーン

● データ収集のためのサーベイランス・ソフトウエア

　事故を予防するためには、「性別」「事故が起きた場所」「けがの種類」などを記録し、事故の傾向を知るだけでは予防することはできません。どのような行動をとっていたのか、どんな物にぶつかったのか、どのくらいの高さから転落したのか、転落した場所の地面は何だったか、といった予防につながるデータを収集することがとても大切です。事故情報を集め、分析することを指して、事故サーベイランス、または単にサーベイランスと呼ばれています。

　事故情報収集ソフトウェアによるサーベイランスシステムは、産業技術総合研究所で開発されたもので、NPO法人Safe Kids Japanのサイトで入手情報を確認することができます。このシステムでは、予防に役立つデータの記録・集計・分析・検索などができ、予防のために何ができるかを検討できます（**図表4-18**）。また、身体地図情報システムと呼ばれるけがの情報を記録する機能が組み込まれていて、けがをした身体の場所を3Dの子どもモデルに塗ることで、けがの種類や事故に関係したモノごとに、身体のどこにけがをすることが多いのかを調べることができます。

　事故に関連したものや周囲の状況などを撮影した写真を取り込むこともでき、事故が起きた場所や事故に関連したものを実際に見たことがない人にも情報が伝

わりやすくなります。記録したデータは、検索したり、条件を入力してグラフを作成することができ、事故の傾向を把握することに役立ちます。　　　　◆

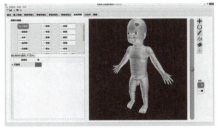

記録可能なデータ項目

- 性別
- 身長
- 体重
- 生年月日もしくは年齢・月齢
- 事故が起こった日時
- 事故が起こったときの活動内容
  ─室内遊び
  ─戸外遊び
  ─散歩
  ─トイレ
  ─水遊び
  ─給食・おやつ
  ─午睡
  ─降園
  ─延長保育
  ─その他
- けがの種類
  ─打撲傷・打ち身
  ─擦り傷
  ─切り傷
  ─刺傷
  ─やけど
  ─骨折
  ─脱臼
  ─捻挫
  ─その他
- 治療内容
  ─治療の必要なし
  ─その場で治療
  ─病院に行く必要あり
  ─不明
- 事故の種類
  ─転んだ
  ─落ちた
  ─ぶつかった・ぶつけられた
  ─はさんだ
  ─切った
  ─やけど
  ─けんか
  ─刺さる
  ─溺れる
  ─窒息
  ─交通事故
  ─その他
- 事故に関連した情報
  ─"転んだ""ぶつかった・ぶつけられた"場合
   ・転んだり、ぶつかった原因
   ・ぶつかった物
   ・ぶつかった物の材質
  ─"落ちた"場合
   ・何から落ちたか
   ・落ちた高さ
   ・ぶつかった物
   ・ぶつかった物の材質
- 事故の直前の子どもの行動
- 事故・けがに関係があった物・人
- 事故が起こった場所
  ─保育室
  ─ホール
  ─廊下
  ─階段
  ─玄関
  ─トイレ
  ─ベランダ
  ─園庭
  ─プール
  ─手洗い場
  ─道路
  ─公園
  ─その他
- 事故の詳しい状況や気づいたこと
- けがをした身体の部位
- 事故に関連した物の写真

図表4-18　事故情報収集ソフトウェア

4 Love & Safety おおむら
：地域で取り組む子どもの傷害予防プロジェクト

　「Love & Safety おおむら：子どもを事故から守るプロジェクト」は、長崎県大村市が地域で取り組んでいる子どもの傷害予防プロジェクトです。2011年3月6日にスタートし、小児科医である出口貴美子がプロジェクトリーダーをしています。

　このプロジェクトは、大村市の住民、行政、教育機関、警察・消防、医療機関など、大村市にかかわる多くの人がプロジェクトに参加していること、大村市医師会に加盟している医療機関、幼稚園・保育所で傷害データの収集（傷害サーベイランス）が実施されている点に特徴があります（**図表4-19**）。

　大村市で活用している傷害サーベイランスは、本章で紹介したソフトウェアが使われています。どの傷害について取り組むかは、収集した傷害データの分析結果とプロジェクトにかかわっている人の要望に基づいて決定しています。ここでは、大村市で取り組んだ自転車プロジェクトについて紹介します。

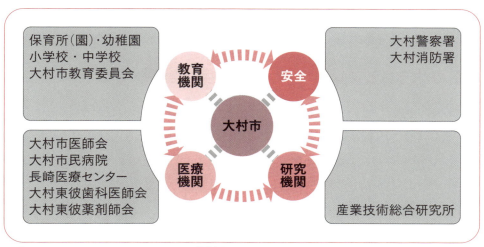

図表4-19　Love & Safetyおおむらの体制図

● 自転車の安全に取り組むきっかけ

　自転車プロジェクトは、NPO法人Love & Safetyおおむらが発足する前から始まっていました。独立行政法人長崎医療センター・救命救急センターの協力のもと、2009年4月から2010年3月に救急車で搬送された子どもの事故データを分析してみると、「自転車での交通事故」は、救急搬送された原因の第2位であることが明らかになりました。また、子どもの事故に関連した製品を分析してみると、「自転車」が圧倒的に多いことがわかりました。

　Love & Safetyおおむらでは毎年、市民公開セミナーを行っていますが、セミナーの参加者からも、「ヘルメット着用の必要性について、学校などでもっと取り組んでほしい」という意見が寄せられました。大村市は長崎県内でも比較的自転車利用率が高く、自転車にまつわる事故が県内で最も多い地域[14]であったことも、自転車の安全に取り組むきっかけとなりました。

● ヘルメット着用に関するアンケートの実施

　ヘルメットの保有率や着用状況などを調査するため、大村市立西大村小学校の全校生徒とその保護者を対象に、ヘルメット着用に関するアンケートを実施しました。その結果、ヘルメットの保有率は約80％で、ヘルメットを着用しないで自転車に乗ることのある生徒は、全体の約3割に上ることがわかりました。また、約70％の生徒が自転車に乗っていて転倒した経験があること、全体の5％の生徒が自転車で転倒して病院に行った経験があることがわかりました。ブレーキの不調で怖い思いをしたことがある生徒も多いことがわかりました。

　保護者のアンケートからは、大村市で救急搬送された子どもの事故のうち、自転車の事故が一番多いことを知っている人は全体の約1割で、自転車事故の危険性についてあまり知られていないことも明らかになりました。

● 手の大きさとブレーキの反応速度の実験

　自転車を運転していて危険に気づいた時、ブレーキを適切に操作することはとても大切です。自転車のサドルの高さを調節したことがある人は多いと思いますが、ブレーキレバーの幅を調節したことがある人は少ないのではないでしょうか。

　子どもの身体は小学校生活を送る6年間で大きく成長します。ブレーキをうまく操作するには、手の大きさに合わせてブレーキ幅も調節する必要があります

※14　西日本新聞「自転車「汚名返上」大作戦パトロールや啓発強化、大村署［長崎県］」

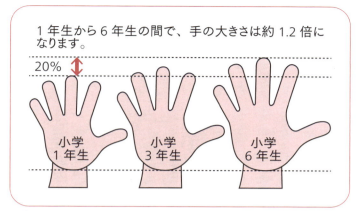

図表4-20　小学生の手の成長（長崎県大村市西大村小学校）

が、西大村小学校で実施したアンケートでも、ブレーキ幅を調節したことのある生徒は少ないという結果でした。

　そこで、西大村小学校の生徒各学年男女10人ずつ（合計120人）の生徒に参加してもらい、手の大きさとブレーキ幅との関係を調査してみました。その結果、小学生の手の大きさは、6年間で約20％成長し（**図表4-20**）、自分の手の大きさとブレーキの幅が合っていないと、危険に気づいてからブレーキが効き始めるまでの時間が約0.14秒も遅くなることが明らかになったのです。この遅れは、低学年のほうが顕著でした[15]。

● 自転車の安全に関する授業

　プロジェクトリーダーである出口貴美子が、西大村小学校の生徒を対象に自転車の安全授業を行いました。この安全授業では、アニメーションを活用して、子どもに、ヘルメットの着用なしで転倒した時、どのような傷害が頭の中で起こるのかという、脳内出血のメカニズムを可視化したアニメーションを見せたり（**図表4-21**）、ヘルメットを着用していない時と着用している時の、頭にかかる力の大きさの違いを見せることによって、着用の重要性やその効果を科学的に伝える工夫を行いました。

　安全授業の実施前後で、自転車に乗る時「ヘルメットをいつも着用している」と回答した子どもの割合は56.5％から65.5％に増え、話を聞いた後で新しくヘルメットを購入したという生徒もいました。

　Love & Safetyおおむらは、2013年度第7回キッズデザイン賞を受賞、またプロジェクトリーダーの出口は、平成24年度消費者庁支援功労者表彰、2017年には、

※15　長崎県大村市、NPO法人Love & Safetyおおむら、独立行政法人産業技術総合研究所「地方消費者行政活性化事業報告書『子どもの自転車事故に関する調査』」29〜30頁

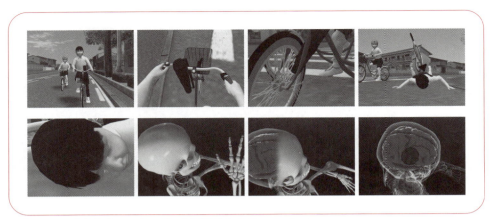

図表4-21　脳内出血のメカニズムを可視化したアニメーション

地方自治法施行70周年記総務大臣表彰を受賞されています。Love & Safetyおおむらでは、自転車プロジェクト以外にも、安全な製品開発のプロジェクト、学校をより安全にするための安全授業、子ども安全管理士講座の実施、安全教育に活用できるコンテンツの開発、「アブナイカモ」ダンスコンテストなど、たくさんの取り組みを行っています。Love & Safetyおおむらの活動はURL（http://www.love-safety.jp/）で確認できます。　　　　　　　　　　　　　　　　　　　　　　　　◆

第 **5** 章

頻発事故への
予防の提案と実践

保育・教育施設で実際によくみられる事故別に、
事例をもとに、事故の特徴と予防への取り組みを紹介します。

誤飲・中毒

> **事例**
>
> 　1歳4か月の男児。せきがひどいため、保育所での与薬を希望された。鎮咳剤のシロップを預かり、園の冷蔵庫に保管した。昼過ぎに薬を飲ませたが、30分後に嘔吐し、1時間後にもう一度嘔吐したため、夕方にクリニックを受診した。急性胃腸炎と診断された。
> 　夕方になり、お迎えに来た保護者に確認すると、飲ませるはずだった容器は別のもので、ほかの子どもに使用するあせも用のシロップを保育者が間違えて飲ませていたことがわかった。

誤飲とは

　異物誤飲とは、異物を誤って口に入れ、それを飲み込んで食道から胃に入ってしまうことをいいます。誤嚥（ごえん）とは、誤って口に入れたものが、気管に入ってしまうことをいいます。

　生後5か月を過ぎると、乳児は手にしたものは何でも口に持っていくため、誤飲が発生し始めます。乳児の事故のうち、最も頻度が高いのは異物の誤飲です。

● 誤飲の実態

　医療機関を受診するような誤飲の発生率は、1歳5か月まで4％、3歳未満でみると5％と報告されています[※1]。

　2017年の1年間に、日本中毒情報センター（中毒110番）が受信した総件数は3万2768件でした。そのうち0〜5歳の相談が75.8％を占め、1歳未満は6654件、1〜5

※1　木下博子・藤本保・山中龍宏「小児の誤飲事故の発生頻度の検討」『第21回日本中毒学会総会抄録集』45頁、1999.

歳は1万8179件でした。0～5歳の電話の問い合わせは、95％が一般家庭からでした[※2]。

　誤飲の発生から問い合わせまでの時間は、10分以内が44％、1時間以内が85％[※3]で、摂取物質は1種類だけのことが多く、問い合わせ時に何らかの症状が認められたものは5～7％、物質や摂取量から判断して症状が出現する可能性がある場合は、全体の13％でした。内訳では、農薬が35％と最も高く、次いでアルコールなどでした。

　乳幼児が誤飲した物質の中で、単品で一番多いのはタバコで、カテゴリー別では、多いものから医薬品、化粧品、洗浄剤、乾燥剤・鮮度保持剤、文具・美術工芸用品の順となっていました[※4]。

　日本の乳児の誤飲の発生頻度は世界的にみて異常に高く、アメリカの誤飲・中毒に関する受信状況と比較すると、日本では1歳未満の乳児の問い合わせがアメリカの3～4倍であり、家庭用品を経口的に摂取する不慮の事故の割合が高く、受信時の症状は無症状である割合が高いと報告されています。日本の乳児に誤飲が多発している要因には、畳での生活様式が大きく関与していると指摘されています。

　経年的な変化をみるために、日本中毒情報センターの年報の数値を年間の出生数で割ってみたところ、大きな変化はみられませんでした[※5, ※6]。また、乳児のタバコの誤飲に関し、日本中毒情報センターと神奈川県中毒情報相談室が受信した電話相談件数の経年変化をみると、20年間ほとんど変化していないこともわかりました[※7]。これらより、毎年5か月を過ぎた乳児に同じ頻度で誤飲が発生していることがわかります。

　最近の日本の年間出生数は100万人前後なので、1年間に約8.3万人の乳幼児が誤飲のために医療機関を受診していることになります。3歳以上の誤飲の症例を含めると、年間に約10万人の小児が誤飲のために医療機関を受診していると推定されます。特に処置を必要としない誤飲の1回の医療費を5000円と仮定すると、少なくとも年間5億円の医療費がかかっていることになります。

　また、誤飲したのべ2756例の再発率を検討した結果[※8]では、2回以上誤飲を繰り返した症例は235例（9.5％）と報告されています。

※2　日本中毒情報センター「2016年受信報告」『中毒研究』第30号、283～315頁、2017.
※3　石沢淳子「中毒センターからみた小児の誤飲事故」『日児誌』第98号、1833～1836頁、1994.
※4　黒木由美子「乳幼児の誤飲の実態」『チャイルドヘルス』第10号、152～155頁、2007.
※5　※1と同じ
※6　山中龍宏「小児の誤飲と中毒——タバコの誤飲は防げるか」『医学のあゆみ』第190号、1045～1050頁、1999.
※7　山中龍宏・柳沢秋絵・高野貴子「乳児のタバコ誤飲の発生頻度に関する検討」『第53回日本小児保健学会講演集』184～185頁、2006.
※8　木下博之・藤本保・岩元二郎ほか「当院における誤飲事故2,756件の検討」『第45回日本小児保健学会講演集』648～649頁、1998.

● 乳幼児の誤飲の特徴

乳幼児の誤飲と学童〜成人の誤飲を比較すると、次のとおりです。

① 発生頻度は、乳幼児では多発、成人では比較的まれである。

② 重症度は、乳幼児では軽症、あるいは治療の必要がないものがほとんどを占め、成人では重症から死亡が多い。

③ 中毒の起因物質は、乳幼児では1種類の物質を少量誤飲することが多く、成人では複数の中毒物質を多量に摂取する場合がある。

④ 発生機序は、乳幼児では予期せぬ事故、成人では自殺企図や虐待など意図的な事故であり、両者は大きく異なっている。

これらから、乳幼児の誤飲の予防活動には異なったアプローチが必要なことがわかります。

誤飲する物質はさまざまです。家庭で使用される頻度が高い新製品が開発され、サイズが乳幼児の口に入るものであれば、新しい種類の誤飲事故が発生します。最近の例として、ボタン電池（コイン型電池と呼ばれることもあります）、ほう酸団子、携帯電話のストラップの飾り、洗濯用パック型液体洗剤（ジェルボール）、強力磁石などがあります。

自動販売機でアルコール飲料が販売されるようになると、子どもがジュースと間違えて飲んでしまいます[9]。臨床の場で新しい種類の誤飲を1件経験したとすると、必ずどこかほかでも同じ誤飲が発生していると認識すべきです。

乳児の誤飲の発生状況の詳しい調査として、タバコの誤飲に関する調査報告があります[10]。同報告によれば、誤飲時にタバコが置かれていた場所は、約80％が高さ50cm以下で、居間、台所・食堂で多く発生しています。誤飲した乳児は「はいはい」から「伝い歩き」ができる時期に多く、乳児が同室にいた場合は、保護者が「テレビ観賞、昼寝、歓談、電話」などで目を離した隙に、別室の場合は「台所仕事、後かたづけ」などの行為中に発生していました。これらから、畳や床のような低い位置に生活用品を置く習慣が基本的原因と推察されています。誤飲が発生する状況のパターンを**図表5-1**に示しました。

● 異物誤飲の応急処置

何時に、どこで、何をどのくらいの量飲んだかを確認します。飲んだ量は、実際にはわからないことがほとんどです。誤飲したものの残りや、空のびん、メー

---

[9] 山中龍宏・渡辺博「小児の事故と中毒——焼津市における実態と今後の対策」『児診療』第51号、533〜538頁、1988.

[10] 新谷茂・草川三治・吉岡敏治ほか「小児のタバコ誤飲事故発生原因に関する電話追跡調査」『小児科臨床』第45号、373〜380頁、1992.

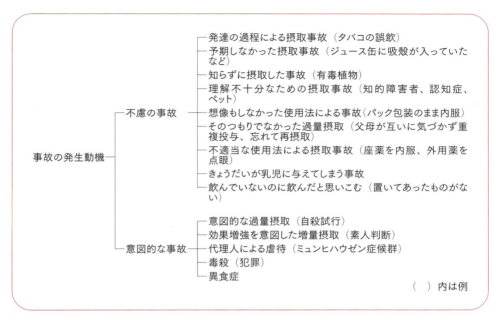

図表5-1　誤飲・中毒の発生動機

カーの説明書などがあれば医療機関に持参します。

　処置としては、誤飲に気づいた時点で誤飲したものを吐かせることが原則です。子どもをうつぶせとし、大人は立て膝をして、大腿の上に子どものお腹を乗せ、子どもの頭を低くします。のどの奥を指やスプーンで押し下げて吐かせます。吐かない場合は、水や牛乳などを飲ませてから吐かせます。ナフタリンなどの脂溶性の化学製品の場合、牛乳を飲ませてはいけません。

　ボタン電池を飲み込んだ、あるいは飲み込んだかもしれないと思った時は、すぐに医療機関を受診する必要があります。

　嘔吐させてはいけない場合とその理由は、次のとおりです。

・意識混濁がある：吐かせたものが気管に入るため
・石油製品の誤飲：揮発性の気体が肺に入って、肺炎を起こすため
・強酸や強アルカリの誤飲：食道粘膜のびらんが悪化するため
・痙攣を起こしている：吐かせたものが気管に入るため
・吐物が血性のとき：胃や小腸の出血がひどくなるため

　この場合、どのような処置が必要か、提携医療機関あるいは中毒110番に相談しましょう。

中毒110番（日本中毒情報センター）
- 一般市民専用電話（情報提供料：無料）
  大阪072-727-2499（365日24時間対応）
  つくば029-852-9999（365日、9時〜21時対応）
- タバコ誤飲事故専用電話（情報提供料：無料、テープによる情報提供）
  072-726-9922（365日24時間対応）

危険な誤飲物質のリスト

　誤飲した場合、危険性が高いものを知っておく必要があります。医薬品の誤飲は危険性が高く、特に向精神薬、血圧降下薬、血糖降下薬、抗不整脈薬の誤飲は医療機関を受診する必要があります。日本中毒情報センターのデータから、5歳以下にみられた重症度が高い誤飲物質を**図表5-2**に示しました。これらの物質を誤飲、吸入した場合は、迅速な対処が必要です。保護者に対して、身近な危険物の情報を伝える場合、あるいは誤飲の相談を受けた時には、この図表を利用するとよいでしょう。

● 誤飲の予防

　乳幼児の誤飲は発達と密接な関係があり、誤飲予防の鍵は「発達」を理解することです。

　誤飲の予防活動については、さまざまなことが試みられています[11, 12]。パンフレットやポスター、ビデオなどが作成され、飲んでも安全なもののリスト、危険性の高いもののリスト、催吐させてはならないもののリストなど、細かい資料が作成されています。しかし、細かすぎる資料のためか、これらの有効性は確認されていません。

　家庭内には物があふれています。ある調査によると[13]、30代前半の夫婦2人の家庭の家の中の物（食品を除く）を調べると、1115種類、4323個もありました。その90％は20cm未満の大きさで、4cm未満の物が占める割合は80種類（7％）、511個で12％を占めていました。乳幼児の誤飲や窒息の危険性が高いことが理解できると思います。

　日本人の小児の最大開口口径、ならびに口腔容積を計測し[14]、その計測値の

※11　山中龍宏「外来で行う小児の事故・中毒防止活動」『小児内科』第25号、681〜686頁、1993.
※12　山中龍宏・内田章・井田孔明ほか「乳幼児の事故防止へのアプローチ——安全チェックシート使用の試み」『日本医事新報』第3521号、30〜34頁、1991.
※13　本村陽一・西田佳史「人間行動理解研究はなぜ難しいのか？　〜研究を加速するための知識共有システム〜」『人工知能学会第21回全国大会論文集』2007.（2C5-11）

化粧品類
①経口：エチルアルコール含有化粧水、ミネラルオイル含有ベビーオイル
　　やサンオイル、アセトン含有マニキュア除光液、毛髪用化粧品の染毛剤
　　1液やパーマ液第2剤
②吸入：タルク含有ベビーパウダー、ヘアスプレー
家庭用殺虫剤
①経口：ピレスロイド含有くん煙剤、設置型虫よけ剤、有機リン含有殺虫
　　剤、ホウ酸含有殺虫剤
②吸入：ピレスロイド含有殺虫スプレー
洗剤・洗浄剤
①経口：界面活性剤含有衣料用洗剤（粉末）、パイプ用洗浄剤、トイレ用
　　洗剤、塩素系漂白剤、アルカリ性モップ用洗剤、食器洗浄機用洗剤、
　　ワックス剥離剤
②吸入、眼：シミ抜きスプレー、界面活性剤含有衣料用洗剤（粉末）
電池・磁石
経口、鼻腔：ボタン電池、複数個の磁石
文具
経口：水性絵具（ポスターカラー）
防虫剤
経口：樟脳含有・ナフタリン含有・パラジクロルベンゼン含有防虫剤
防水加工剤
吸入：フッ素樹脂・有機溶剤含有防水スプレー
ロウソク
経口：炭化水素含有キャンドルオイル
炭化水素類
経口：灯油、シンナー、ベンジン
食品
経口：飲料用アルコール

（下線は頻度、重症度が高いもの）

図表5-2　重症度が高い誤飲・吸入物質（5歳以下、日本中毒情報センター）

　うち3歳児のデータに基づいてスケールを作製しました（**図表5-3**）。この中に入る
ものは、乳幼児の口の中に入る可能性があります。これは、誤飲、窒息予防のス
ケールとして「誤飲チェッカー」という名称がつけられて、日本家族計画協会か
ら購入することができます。
　「子どもの手が届かないところ」は、子どもの年齢によって変わっていきます。

※14　飯沼光生・田村康夫「乳幼児の口腔容積の検討」『チャイルドヘルス』第10号、160〜162頁、2007.

誤飲・中毒　087

図表5-4を参考にしてください。

　長いひもを1本用意して、90cm、110cm、120cmのところに印をつけ、保育所等の室内でそれぞれの年齢の子どもの手がどこまで届くかチェックしてみましょう。

　誤飲は、乳幼児に限らず、認知症の人、知的障害者にもみられ、時にはペットにも誤飲[※15]がみられます。　　　　　　　　　　　　　　　　　　　◆

危険と安全チェックの目安

図1　安全　入らない物体
この球は直径が39mm以上あり、チェッカーの中に入りませんので口に入る危険がありません。

図2　危険　すっぽり隠れる物体
これは口の中に入り、飲み込む危険があります。また、窒息する可能性もあります（コイン、ボタン、指輪、スーパーボール、マグネット、ナッツ、キャンディーなど）。

図3　危険　折り曲がる物体
長さが51mm以上でも、丸めたり折れたりするとチェッカーの中に隠れてしまい、これも口の中に入り危険です（タバコ、柔らかいゴム製品、銀紙、ばね類など）。

図4　危険　細長い物体
串や箸のように長さが51mm以上あるものは飲み込めませんが、太さが39mm以下ですから口に入ります。口腔内を傷つけたり刺したりしますので危険です。

乳児が5か月になったら、誤飲チェッカーでチェックしましょう。

- 生後5か月を過ぎると、乳児は何でも口に入れるようになります。
- 乳児はどんどん発達していきます。昨日手が届かなかったところに、今日は手が届くようになるのです。
- 乳児の手が届くところに口に入る大きさの物があれば、必ず誤飲が発生します。
- 前もってチェックするしか確実な予防法はありません。

チェッカーの中に隠れるものは、床から1m以上の高さに置きましょう。

- 3歳児が口を開けたときの最大口径は約39mm、のどの奥までは約51mmありますので、その値を誤飲防止の目安にしましょう。
- このチェッカーの中に隠れるものは、飲み込んだり、窒息する危険があります。
- このチェッカーに隠れるものは、床から1m以上の高い場所に置くようにして下さい。

図表5-3　3歳児の口腔容積と誤飲チェッカー

※15　下峠恵子・後藤京子・遠藤容子ほか「ペットの急性中毒の実態とヒトの中毒との関わりについて」『中毒研究』第10号、309〜313頁、1997.

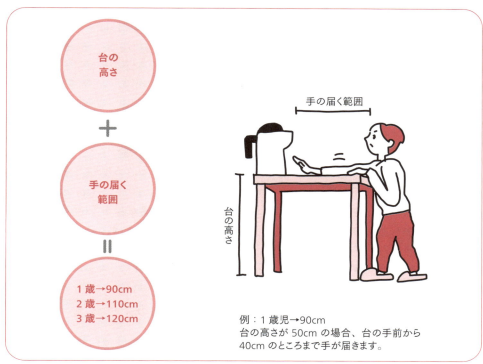

図表5-4　子どもの手の届く距離

> ### ポイント●保育現場の対策
>
> ○知っておくべきこと
> - 生後6か月から1歳に誤飲が多い
> - 3歳児の最大開口口径は39㎜
> - 子どもの手が届く高さと距離
> - 日本中毒情報センターの存在、連絡法
> - 誤飲すると危険性が高いもの
> - 誤飲したときの催吐法
>
> ○ルールをつくる
> - 大人の顔を床面に近づけて部屋の中すべてを見回し、口径が39㎜以下のものは、手の届かないところにしまう
> - 飲み物が入っていた容器に、食品以外のものを入れない
> - ベビーパウダーは吸入するおそれがあるので使用しない
> - 医薬品を預かるときは、1回分だけとする
>
> ○安全な製品や環境の整備
> - 危険性が高い製品が施設内にあるかどうかの確認
> - ボタン電池を使用している製品の確認と、電池の収納部分のねじ止めの確認
> - トイレ洗浄剤、灯油などには、子どもがアクセスできないようにする
> - チャイルド・レジスタント容器を使用する

コラム

食物アレルギーとアナフィラキシー反応

事例

　2012年12月20日、東京都調布市立の小学校で乳製品にアレルギーのある小学5年生の女児（11）が給食で誤ってチーズ入りチヂミを食べ、アナフィラキシーショックとみられる症状を起こし、死亡した。

　女児は乳製品に食物アレルギーがあるため、給食は乳製品を除去したものが提供されていた。当日の給食の献立は、わかめごはん、じゃがいものチヂミ、ナムル、肉団子汁で、じゃがいものチヂミにチーズが入っており、これを食べ、アナフィラキシー症状を起こしたとみられる。本来の給食では女児用にチーズが除去されたチヂミが用意されたが、おかわり用のチヂミを食べた。

　女児はアナフィラキシーショックの症状を抑える自己注射薬「エピペン」を携帯しており、担任は女児に「これ打つのか」と尋ねたが、「打たないで」と言われ、ためらった。エピペンは症状が出てからなるべく早い時間に打つ必要があるが、駆けつけた校長が注射したのはその約10分後であった。

食物アレルギーとは

　特定の食物を摂取することによってアレルギー症状を起こす場合を食物アレルギーといいます。乳児の約10％、3歳児では約5％にみられるとされています。特定の食物としては、魚類、肉類、牛乳、鶏卵、貝類、エビ・カニなどの甲殻類、大豆、穀類、そばなどがあり、原因となる食べ物が多種類にわたることもあります。食物アレルギーの症状としては、皮膚症状、消化器症状、呼吸器症状などがあります（**図表5-5**）が、これらの症状は、原因食物を食べて必ず現れるとは限りません。

　症状は、軽症、中等症、重症に分けられており、対応についても具体的に書かれているので、この図を、食事の介助をしながらでもすぐに見ることができるところに掲示しておくとよいでしょう。

　食物アレルギーをもった子どもを預かる場合は、アレルギーに関する詳細な情報（生活管理指導表など）を収集して、給食、運動、食材を扱う活動、課外活動などでの配慮や管理を明確にしておく必要があります。

重症度	軽症（下記の1つでもあてはまる）	中等症（下記の1つでもあてはまる）	重症（下記の1つでもあてはまる）
皮膚	□部分的な赤み、ぽつぽつ □軽いかゆみ □唇・まぶたの腫れ	□全身性の赤み、ぽつぽつ □強いかゆみ □顔全体の腫れ	
消化器	□口やのどのかゆみ・違和感 □弱い腹痛 □吐き気 □嘔吐・下痢（1回）	□のどの痛み □強い腹痛 □嘔吐・下痢（2回）	□持続する強い（がまんできない）おなかの痛み □繰り返し吐き続ける
呼吸器	□鼻水、くしゃみ	□咳が出る（2回以上）	□のどや胸が締めつけられる □声がかすれる □犬が吠えるような咳 □持続する強い咳き込み □ゼーゼーする呼吸 □息がしにくい
全身		□顔色が悪い	□唇や爪が青白い □脈を触れにくい・不規則 □意識がもうろうとしている □ぐったりしている □尿や便を漏らす
エピペン	□エピペンを準備 → 悪化 →	□治療後も咳が続く・重症と迷うときはエピペンを使用 → 悪化 →	□すぐにエピペンを使用
薬	□30分続けば薬を飲ませる	□薬を飲ませる □呼吸器の症状があれば気管支拡張薬を吸入する（処方がある場合）	
受診対応	□5分ごとに症状を観察 □1時間続けば医療機関を受診	□5分ごとに症状を観察 □医療機関を受診	□仰向けの姿勢にする □救急車で医療機関を受診

図表5-5　アレルギー症状の重症度評価と対処法

出典：国立病院機構相模原病院小児科「アレルギー症状の重症度評価と対応マニュアル」

また、主治医と相談できる体制を確保し、保護者ともすぐに連絡できるようにしておく必要もあります。

アナフィラキシー反応とは

一般に、アレルゲン（反応を起こす源）に接触して15分以内に発症する即時型アレルギー反応をアナフィラキシー反応といいます。なかには、1時間を過ぎてから起こることもあります。食物、ハチ毒、薬物などのアレルギー反応により、蕁麻疹などの皮膚症状、腹痛や嘔吐などの消化器症状、ゼーゼー、息苦しさなどの呼吸器症状が、複数の臓器に同時にかつ急激に出現した状態をアナフィラキシーといいます。

原因食物を食べただけではアレルギー症状は起こさず、食後に運動が加わることによってアナフィラキシーが起こる場合を「食物依存性運動誘発アナフィラキシー」といいます。運動によって腸での消化や吸収に変化が起き、アレルゲン性を残したタンパク質が吸収されて起こるものと考えられています。

アナフィラキシーの中でも、数分以内に血圧が低下し、意識レベルの低下や脱力、呼吸停止、けいれんなどをきたすような場合を特にアナフィラキシーショックと呼び、ただちに救急処置をしないと生命にかか

第5章　頻発事故への予防の提案と実践

誤飲・中毒　091

わります。

　アナフィラキシーへの対応を**図表5-6**に示しました。アナフィラキシーを発症した子どもが発生したと想定して、緊急対応のシミュレーションを行い、職員の役割分担を決めておきましょう。また、連絡体制の整備や緊急対応医療機関の確保も必要です。救急車の要請は148頁を参照してください。

　エピペンの注射については、厚生労働省が作成した「保育所におけるアレルギー対応ガイドライン」（2012年9月）を周知するためのDVD（下記の動画）の中で詳しく説明されています。前もって動画を視聴して、エピペン注射の練習をしておく必要があります。エピペンを自ら注射できない状況にある子どもに代わって、教職員がそれを注射することは、医師法その他の関係法令の違反にはならないという判断が示されています。

※厚生労働省動画チャンネル（前半リンク先http://www.youtube.com/watch?v=pJOAM8dE7WU&feature=plcp、後半リンク先http://www.youtube.com/watch?v=axFou4QgB-4&feature=plcp）

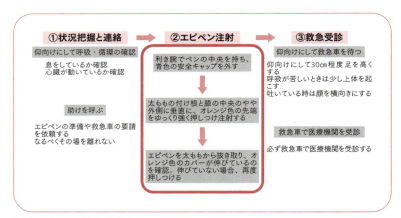

図表5-6　アナフィラキシーへの対応
出典：国立病院機構相模原病院小児科「アレルギー症状の重症度評価と対応マニュアル」

2 溺水

● 溺水とは

子どもは水が大好きですが、環境に水があることによって溺水が発生します。小さな子どもは、バケツやビニールプール、洗濯機などでも溺れることがあります。鼻と口を覆うだけの水があれば溺れるのです。そこで、子どもの事故の中でも重症度が高い溺水について考えます。

● 溺死の実態

2016年の1年間に溺れて亡くなった乳幼児は、0歳（4人）、1〜4歳（26人）、5〜9歳（18人）でした。不慮の事故で亡くなった0〜9歳の子どもは226人でしたので、溺死は21％を占めていることになります。

どこで溺れたかについてみると、0〜1歳の溺死の60〜70％は浴槽で溺れているのです。3歳以上になると、浴槽で溺れて死ぬことは少なくなります。年齢が上がるにつれて、川や湖、海での溺死が多くなっています。これらの数値は毎年、ほとんど変化がありません。

浴槽での溺水

事例

2002年7月26日午後3時頃、東京都町田市の民間託児所から「10か月男児がおふろの浴槽に落ちた」と119番通報があり、男児は病院に運ばれたが意識不明の重体。託児所では、男児のほか6、7人の乳幼児を預かっていた。保育者の数は不明。警視庁町田署の調べに対し、託児所の責任者の女性は「目を離した隙に男児が落ちてしまった」と話して

いる。町田署は転落時の経緯などを調査中で、詳細は不明。

● 浴槽での溺水の発生状況

　東京消防庁の「溺れ」の救急搬送データをみると、0〜2歳児の97％は浴槽での溺れでした（**図表5-7**）。

　子どもが浴槽で溺れた時の状況に関する調査結果をみると、3分の1以上は、気がついたら浴槽に浮かんでいたという状況でした。大人と一緒に入浴していても溺れることがあるのです。

（人）

0歳		1歳		2歳		3歳		4〜6歳	
浴槽	55	浴槽	66	浴槽	23	浴槽	8	浴槽	8
その他	1	その他	1	プール	1	プール	1	プール	2
				その他	1	河川	1	河川	1
						ビニールプール	1	ビニールプール	1
						その他	4	その他	2

図表5-7　溺れが原因による救急搬送
出典：東京消防庁「救急搬送データ」（2012〜2016年）より

　ある市の1歳6か月健診で、住んでいる家の洗い場の床部分から浴槽の縁までの高さを測定してもらいました（227軒）。その結果、危険性が高い50cm未満の家庭が7割を占めていました。また、いつも残し湯をしている、またはときどきしている、と答えた家庭は7割もみられました。乳幼児が浴室に入らないような工夫は何もしていない家庭が6割ありました。これらの結果を総合すると、乳幼児が溺れる危険性は高い状況にあるといっていいでしょう。

● 浴室での事故の実態

　1歳6か月健診のときに、風呂場で危険な目に遭ったかどうかを227名の保護者に尋ねました。すると、3分の1の幼児が、すべった、溺れた、やけどをしたなどの危険な目に遭った経験があると答えました。

　毎年、30人前後の乳幼児が溺れて亡くなっていますが、それは氷山の一角で、乳幼児が溺れる、あるいは溺れかかることは日常的に起こっていると十分認識する必要があります。

　浴槽の危険性は、
①洗い場からの浴槽の縁の高さが50cm未満

②残し湯をする習慣

③子どもがいつでも中に入れる浴室の入り口

という3つが危険因子なので、改善しましょう。

● 現在の課題

　毎年繰り返される乳幼児の浴槽での溺死をなくすためには、どのようにしたらよいのでしょうか。浴室では、溺水だけでなく、転倒、熱傷などもみられます。最近は浴室に快適さが求められ、浴槽の縁の高さは低くなり、気泡風呂、24時間風呂なども出現してきました。気泡風呂の吸水口に髪の毛を吸い込まれて溺死した子どももいます。5歳以上で浴槽で溺れた場合には、けいれんを起こした可能性があります。子どもにとって、浴室はとても危険な場所となっているように思われます。

　1歳6か月健診で「浴槽の縁の高さは35cmで、いつも残し湯をしている」という保護者と話す機会がありました。「残し湯をすると危険だから、3歳になるまではしないように」と言うと、保護者は「そんなことはできません」と言います。そこで「県内でも1か月前に1歳の子どもが浴槽で溺れて亡くなっています。本当に危ないんですよ」と説明しても「危険なことはわかっていますが、家の姑にそんなことは言えません」と言いました。嫁姑の問題はこんなところにも影響を及ぼしているようです。今後は、同居している祖父母に対しても危険性を伝える必要があります。

　30年前、悲惨な乳幼児の溺死をなくすために、「乳幼児のいる家では浴槽には残し湯をしない」というキャンペーンをしてほしいと市長に訴えたことがあります。しかし、防災のためや資源の有効利用のためと言われ、まったく相手にしてもらえませんでした。阪神・淡路大震災以後、逆に残し湯を奨励する市町村が多くなりました。このような状況の中、今日も日本のどこかで乳幼児が溺れているのです。

● 浴槽での溺れの予防

　保護者や保育者の注意を喚起するだけでは、浴槽での溺水は予防できません。確実かつ、具体的な解決策として、浴室の入り口のドアの上に感知器を設置し、子どもが浴室に入ってブザーが鳴ったら、浴室に飛んでいくようにするのも一つの方法ではないかと思います。この方法をいくつかの保育所で実施して、その有効性を検討し、効果が証明されれば全国に広めるべきでしょう。

　祖父母と同居している家庭では、縁の高さが低い浴槽が多く、防災のために残

溺水　095

し湯をするところもあります。乳幼児の溺水の予防のためには、祖父母にも理解してもらうことが大切です。

浴室の入り口には鍵をかけるなど、幼児が入れないような工夫も必要です。また、子どもだけで風呂場で遊ばせることも危険です。2、3歳までは風呂場は遊ばせる場所と考えず、危険な場所と認識しましょう。

ポイント● 保育現場の対策

○知っておくべきこと
- 浴槽での溺水は0〜2歳児に多い
- 洗い場から浴槽の縁までの高さが50cm以下の浴槽は転落する危険性が高い

○ルールをつくる
- 沐浴後はすぐに水を抜く
- 子どもが3歳になるまで残し湯をしない
- 子どもが一人で浴室に入れないようにする
- 子どもだけで入浴させない
- 子どもと入浴中は、電話が鳴っても決して出ない
- 入浴時は、子どもを後から浴室に入れ、出るときは子どもを先に出す
- 浴槽では、足入れ付き浮き輪や首浮き輪は使用しない

○安全な製品や環境の整備
- 浴槽の蓋は厚くて硬いものを使用する
- 浴室の入り口に鍵をかける

プールでの溺水

毎年、保育所等のプールで溺水事故が起こっています。発生件数は多くはありませんが、いったん発生すると重症度が高い事故となります。

事例

2017年8月24日、埼玉県さいたま市の認可保育所のプール（6m×4.7m）で4歳児が溺れて死亡した。園ではふだん、子どもの体格差を考慮して年齢別にプールに入れていたが、24日はプールの最終日で、死亡した4歳女児を含む3〜5歳の20人がプールに混在して入っていた。

本児は午後3時25分にプールに入り、4分後には泳いでいる姿が防犯カメラの映像に映っていた。保育者2人は、同36分から備え付けのすべり台を撤去する作業を開始し、同38分にプールのほうを振り返ると、本

児がうつぶせで浮いていた。意識不明の重体で病院に搬送されたが、翌25日に死亡した。事故直後、園長は「30秒以上目を離してはいない」とテレビで述べていた。

● プールでの溺水の予防

2011年7月に神奈川県大和市の幼稚園で発生したプールでの溺死事故を受けて消費者安全調査委員会が検討し、2014年6月20日、同委員会から文部科学省、厚生労働省および内閣府に対して意見書が出されました。その内容としては、

①　プール活動・水遊びを行う場合は監視体制の空白が生じないように、もっぱら監視を行う者とプール指導等を行う者を分けて配置し、また、その役割分担を明確にする。水の外で監視に専念する人員を配置できない場合には、プール活動・水遊びを中止すること。

②　事故を未然に予防するため、プール活動にかかわる教職員に対して、幼児のプール活動・水遊びの監視を行う際に見落としがちなリスクや注意すべきポイントについて事前教育を十分に行う。

③　教職員に対して、心肺蘇生をはじめとした応急手当等について教育の場を設ける。また、一刻を争う状況にも対処できるように119番通報を含め緊急事態への対応を整理し共有しておくとともに、緊急時にそれらの知識や技術を実践することができるように日常において訓練を行う。

と述べられていますが、この指針で予防することは難しいと思います。

● "3つのE" で溺れを予防する

プールの現場で監視がどのように行われているかを検討すると、人による監視には限界があることがわかりました。そこでSafe Kids Japanでは、プールでの溺れを予防するための3つの提言をまとめました（**図表5-8**）。まずは、監視には限界があることを認識することが大切です。

① プールの使用にテクノロジーの力を（Environment）

　監視には特別なトレーニングと経験が必要であり、監視専念者を配置してもそれだけでは十分とはいえない。監視できる範囲はきわめて限定的であり、外光、照明、天候などによる水面の反射で適切な監視の位置は変化し、児童・生徒の人数や動き方でも監視できる範囲は変化する。

- 振り返り用の記録カメラの設置、録画したデータの分析
- 溺れ予防デバイスの使用
- プール監視システムの導入
- 幼児にはライフジャケットを着用させる

② 指導方法・運用方法で補う監視の限界（Education）

　指導方法により、監視の限界を補う。

- 生徒同士のバディシステム※の徹底
- コース利用のルール設定（一方通行など）
- 見学生徒による監視の補助や報告
- 水泳キャップの色分けやナンバリング
- 保育所・幼稚園では、プールを使わない水遊びプログラムの開発
- 幼児は、大人の手の届く範囲で泳がせる

③ 法制化に向けた調査・研究（Enforcement）

　溺れ予防と監視力の向上に関するエビデンスを得るため、調査・研究が必要である。

- 記録カメラの設置による振り返りの効果検証
- 監視者のアイカメラ装着による監視の実態調査
- 安価な溺れ予防デバイスの開発と実験的使用
- 安価なプール監視システムの開発と実験的導入
- 監視者の資格の厳格化や教育プログラムの開発

　※常に2人が組になって、互いに助け合いながら行動し、事故を防ぐ安全管理法。

図表5-8　プールでの溺れ予防のための3つのE

> **ポイント●保育現場の対策**
>
> ○知っておくべきこと
> - 溺水時はバシャバシャしたり、叫んだりせず静かに溺れると認識する
> - プールの監視には限界がある
> ○ルールをつくる
> - 乳幼児は、大人の手が届く範囲内でのみ泳がせる
> - 監視に専念する人を配置する
> ○安全な製品や環境の整備
> - 水が溜まらないシステム、溜めたらすぐに排水するシステム
> - 溜まっている水に子どもがアクセスできないシステム（蓋、囲いなど）：蚊の発生を防ぐシステムと同じ
> - 水泳キャップの色分け

河川・湖・海での溺水

　毎年、水難事故のニュースが後を絶ちません。残念ながら、安全な活動が求められる保育管理下でも、川や海など自然活動中に事故が発生しています。川や海では常に流れがあり、急に深くなる場所もあって、転倒した場合には流される危険もあります。溺れを予防するための対策としては、水中に沈むことなく気道を確保することが最も重要で、身体に密着するライフジャケットを必ず装着する必要があります。

事例

　午前中は幼稚園に登園しました。午前中、通り雨がありました。いったん帰宅して午後1時に幼稚園に集合し、お泊り保育に出発しました。午後2時過ぎにバスで現場に到着し、道路は降雨の影響で湿っていました。施設のグラウンドには水たまりがありました。参加園児は31名（5〜6歳）、引率教諭は30〜70代の女性8名でした。

14：45　水遊び開始。園児らは河原や川の中など思い思いの場所で自由に遊んでいた。
　　　　川の水深は浅いところで45cm、深いところでは74cm。
15：29　増水により流れが強くなり始めた。遊んでいた場所から岸へ上がり始める。
15：38　園児4名と教諭1名が流される。

溺水　099

15：40　観光客と宿泊施設スタッフがそれぞれ通報（110番、119番）した。

　　川の岩の上に取り残された園児ら（10名）を、観光客と宿泊施設スタッフが救助。流された教諭と女児Bが対岸へ流れ着き、続いて男児Aも流れ着いた。女児Cは流された場所から200m下流まで流され、岩にしがみついていたところを宿泊施設スタッフに救助された。

　　救助の際、宿泊施設スタッフはライフジャケットを着用し、宿泊施設に常備していたロープと観光客の浮き輪を利用した。当時、宿泊施設には救助用の浮き輪の設置はなかった。幼稚園は安全対策として、救急箱と笛を持参していた。

16：24　流された場所から200m下流の河床に沈んでいた男児D（5歳）を、宿泊施設のスタッフが発見。心肺停止状態で救急搬送された。当時、宿泊施設にAEDの設置はなかった。

17：05　男児D、隣の市内にある県立病院に到着。

17：47　男児D、死亡確定。

　これは愛媛県西条市の加茂川で発生した事故で刑事事件となり、元園長に業務上過失致死の有罪判決（罰金50万円）が言い渡されました。民事裁判では元園長と学校法人に賠償責任が、学校法人には使用者責任が認められました[16]。判決では、増水は予見できたこと、幼児の安全を確保するために必要とされるライフジャケットを装着していなかったこと、河川財団や気象庁などの公的機関がインターネット上に公開している情報を収集するなど、川での水遊びに対する準備が不足していたことが指摘されました。

　裁判の中で元園長は「20年間、危険なことは何もなかったから大丈夫だと思っていた」と証言しています。引率した教諭たちからは、「安全に対する過信があった」「安全を学ぶ機会がなかった。専門家に相談するという発想もなかった」という証言がありました。　　　　　　　　　　　　　　　　　　　◆

当日の天気予報
【県内概況】
気圧の谷や湿った空気の影響で午前中は雨が降りやすい。大気の状態が不安定になるため、雷を伴って激しい雨の降る所もある見込み。雨の降り方に注意が必要。

※16　平成30年12月19日松山地方裁判所西条支部判決

【きょう（東予）】
南東の風、日中北の風、昼過ぎから曇り、所により明け方から朝は雷を伴い激しく降る。
◇松山地方気象台
県内全域に雷注意報を発令。
同日午後2時5分以降、上浮穴郡久万高原町に大雨洪水注意報を発令。

（裁判所裁判判例情報をもとに作成）

ポイント●保育現場の対策

○知っておくべきこと
- 河川財団子どもの水辺サポートセンター（http://www.kasen.or.jp/mizube/tabid107.html）
- 天候を確認するサイト：気象庁（http://www.jma.go.jp/jp/yoho/）
- 川や海など水遊びに関する装備・準備などの情報収集
- 心肺蘇生法

○ルールをつくる
- 天候の確認
- 自然・野外活動の専門家への相談
- 子どもの年齢と活動の目的にふさわしい場所の検討と選定
- 無理のない計画
- 適切な下見と、利用する施設スタッフとの打合せ
- 活動内容のシミュレーション
- 役割分担や監視体制などの整備と人員計画・組織体制の検討
- 行事を遂行することに固執せず、代案や中止も選択肢に入れる

○安全な製品や環境の整備
- 水遊び、釣り、ボート遊びでは、必ずライフジャケットを着用
- 救命救助、捜索活動、通報など緊急時シミュレーション
- 病院や警察など、いざという時の搬送ルートの確認

第5章 頻発事故への予防の提案と実践

溺水　101

3 やけど

子どものやけど

　毎年、3人に1人はやけどをし、そのうちの1割が医療機関にかかり、うち1割は入院します。入院した人の1割は重症で、その1割は死亡するといわれています。

　子どもの皮膚は大人に比べて薄いため、より低い温度で、より早く、より深いやけどになりやすいです。

　子どものやけどの80％は家庭内で起こり、そのうち50％は熱源が多い台所で起こっています。やけどは行動範囲が広がる1歳児に最も多くみられ、その原因として多いものは、熱湯や汁ものなど高温の液体、続いてアイロン、ストーブなどの熱源への接触となっています。

● やけどの実態

　東京消防庁の5年間のやけどの救急搬送データ（2012年〜2016年）をみると、0歳は683人（12.7人/万人）、1歳は944人（18.0人/万人）、2歳は321人（3.6人/万人）、3歳は180人（3.6人/万人）、4〜6歳は292人（1.9人/万人）となっており、0歳と1歳で多くが占められていました。重症例の頻度は2〜3％でした。やけどの原因となったものをみると、熱湯に関連したものが多くを占めていました（**図表5-9**）。

0歳		1歳		2歳		3歳		4〜6歳	
味噌汁・スープ	141	熱湯	202	熱湯	71	熱湯	41	味噌汁・スープ	69
お茶・コーヒー類	131	お茶・コーヒー類	201	味噌汁・スープ	65	味噌汁・スープ	37	熱湯	56
熱湯	119	味噌汁・スープ	174	メン類	52	メン類	20	メン類	48
ポット・魔法瓶	95	ポット・魔法瓶	87	お茶・コーヒー類	35	お茶・コーヒー類	17	お茶・コーヒー類	27
メン類	53	メン類	74	ポット・魔法瓶	19	ポット・魔法瓶	13	ポット・魔法瓶	14

図表5-9　やけどが原因の救急搬送

出典：東京消防庁「救急搬送データ」（2012〜2016年）より

● 年齢別にみたやけどの実態

生まれて6か月までの乳児は、大人が熱いものを飲みながら抱いていてこぼしたり、熱いミルクを飲ませてしまってやけどをします。7か月を過ぎると、前に置かれた容器を手でひっくり返したり、背伸びをしてテーブルの上の物に手を伸ばし、頭から熱湯をかぶったりします。

1、2歳では、ストーブやアイロンに触れたり、テーブルの上のみそ汁、スープ、コーヒーやお茶、カップめんをひっくり返したり、床に置かれた炊飯器の蒸気に触れたり、電気ケトルを倒して熱湯をかぶったりなど、家の中の熱源はすべてやけどの原因となります。4歳を過ぎると、花火によるやけどがみられます。

そのほか、バーベキューやお好み焼きの鉄板に手をつく、止まったばかりのオートバイのマフラーに接触して足にやけどを負う、表層が熱い浴槽に転落する、熱いシャワーを浴びる、電気コードのソケットを口にくわえて口唇に電撃やけどを負う、さらに火災によるやけどもあります。

保育の場では、真夏に太陽光で熱せられた鉄棒やすべり台に触れてやけどをすることもあります。

● やけどの予防

子どもが7、8か月を過ぎてから2歳までは、やけどをする最も危険な時期と認識しましょう。

まずは、お湯によるやけどの危険性を知っておきましょう。大人の皮膚は、48℃ではやけどは起こしませんが、54℃では29秒間接触するとⅠ度からⅡ度のやけど、60℃では3秒で重症のやけどになります。子どもの皮膚は薄いので、もう少し低温でもやけどします。最近では、お湯の温度を設定できる場合が多いと思いますが、子どもが触れる可能性がある場合、湯の温度設定を50℃以下にするようにしましょう。

電気ポットにはお湯が出ないようにストッパーがついていますが、それでも子どものやけどが発生しています。その一部は、ポットの口のパッキングの劣化が原因です。どこにでも持ち運ぶことができ、すぐにお湯が沸く電気ケトルによるやけどが増えています。湯漏れ防止機能付き電気ケトルを使いましょう。

最近は、ウォーターサーバーが一般家庭でも使用されるようになり、冷水だけでなくお湯が出るものがあります。蛇口にはチャイルドロックが付いていますが、子どもの中には、簡単に解除して熱湯を浴びてやけどする場合もあります。幼児がいる場合には、お湯が出るほうは使用しないほうがいいでしょう。

家庭内の熱源は畳や床の上に置かず、1m以上上に置くことが原則です。その時、子どもが電気コードを引っかけないように注意します。ストーブには接触できないように柵をし、熱いものは倒れない容器に入れるよう心がけます。

　火災によるやけどを予防するためには、すばやく避難するための住宅用火災警報器の設置、消火器の配備、自動消火スプリンクラーの設置などがあります。防炎のため、難燃素材を使用する指定など、子どもの寝衣について法規制がある国（イギリス、アメリカ、オーストラリアなど）もあります。炎に触れても引火しにくいように、ひらひらしたドレスは避け、身体にぴったりとフィットするものを身につけます。

　花火については、販売規制が行われている国、州もあります。幼児が花火をするときは大人が付き添う必要があります。花火が終わったら必ず水につける、花火に火をつけた後はのぞき込まないなども必要です。　　　　　　　　　◆

ポイント●保育現場の対策

○知っておくべきこと
- 生後10か月から1歳代にやけどが多い
- 熱源から子どもを遠ざける
- やけどをしたときはすぐに冷やす
- 火災時の対応（Stop, drop and roll：服に火がついた時は、その場に転んでごろごろ横転する、脱出時は煙の下を這う）
- 火災時の避難計画と避難訓練

○ルールをつくる
- 消防署による監査
- 花火は水につけて完全に消す
- 途中で火が消えても花火をのぞき込まない
- 身体にフィットした寝衣を着る
- テーブルクロスは使用しない
- ストーブは柵で囲う

○安全な製品や環境の整備
- 熱傷
  →給湯温度の設定を50℃以下にする
  →浴槽の蓋の強度を確認する
  →熱湯の蒸気が出る加湿器は使用しない
  →蒸気が出ない炊飯器を使用する
  →湯漏れ防止機能付き電気ケトルを使用する
- 火災・火傷
  →消火器の設置
  →住宅用火災警報器の設置、定期的に電池のチェック
  →自動消火スプリンクラーの設置
  →難燃性のパジャマや毛布やカーテンの使用
  →一酸化炭素検知器の設置
  →チャイルド・レジスタンスのライターの使用

転倒・転落

> **事例**
>
> 6歳男児。2016年12月13日午後4時頃、神奈川県葉山町の公立保育所の園庭で追いかけっこをしていて、園庭と保育室のあいだにあるデッキの通路上を走っていたところ、デッキに置いてあったサッカーゴールの網に足をとられ転倒した。保育者が駆け寄り全身状態を確認したところ、意識は清明であった。
>
> 以後、室内で安静にし、午後6時過ぎに祖母に引き渡されて帰宅した。午後7時過ぎに容態が悪くなり、自宅から救急搬送されたが、翌14日午前5時過ぎ、搬送先の病院で死亡が確認された。

転倒・転落の実態

　小さな子どもが転んだり、落ちたりすることはよくあることです。元気のいい子どもなら、ちょっと転んだりすることは毎日でもみられるでしょう。

　3歳までのあいだに、病院にかかった、あるいは電話で相談した転落は1000人のうち224人、転倒は130人というデータもあります。転倒・転落のために亡くなった子どもは0歳0人、1〜4歳6人、5〜9歳3人となっていますが、65歳以上の高齢者では1日に20人近くが転倒・骨折のために亡くなっています（2016年）。

　東京消防庁の救急搬送の事例をみると、0〜6歳の転倒では、居室での転倒が最も多く、その他の家具、階段、道路、ベビーカー、机・テーブル、いすなどとなっていました。年齢が高くなると、道路や公園での転倒が増えていました（**図表5-10**）。

　転落では、0歳ではベッドからが多くみられます。1歳以上では階段からの転落

が最も多く、続いていす、自転車の補助いすからの転落が多くみられていました（**図表5-11**）。ぶつかる事例では、家具や机・テーブルなど、家庭内のものにぶつかることが多くみられました（**図表5-12**）。挟む・挟まれる事例では、手動ドアが最も多く、エレベータや電車の戸袋にも挟まれていました（**図表5-13**）。

0歳		1歳		2歳		3歳		4〜6歳	
居室	342	居室	733	居室	465	居室	379	居室	533
その他の家具	70	その他の家具	332	その他の家具	265	階段	166	道路	420
ベビーカー	53	机・テーブル	175	階段	199	その他の家具	157	階段	345
道路	39	いす	162	道路	185	店内	152	その他の家具	250
机・テーブル	36	階段	151	浴室	138	道路	149	公園	239
いす	36								

図表5-10　転倒が原因の救急搬送

出典：東京消防庁「救急搬送データ」（2012〜2016年）より

0歳		1歳		2歳		3歳		4〜6歳	
ベッド	754	階段	825	階段	716	階段	418	階段	452
人	342	いす	538	いす	360	いす	188	すべり台	209
階段	288	自転車の補助いす	320	自転車の補助いす	334	自転車の補助いす	186	いす	178
いす	251	ベッド	226	ベッド	153	すべり台	87	ベッド	157
ソファ	222	ソファ	154	人	109	ベッド	86	その他の遊具	142
				すべり台	109				

図表5-11　転落が原因の救急搬送

出典：東京消防庁「救急搬送データ」（2012〜2016年）より

0歳		1歳		2歳		3歳		4〜6歳	
その他の家具	83	その他の家具	211	その他の家具	215	その他の家具	148	その他の家具	229
人（衝突のみ）	40	机・テーブル	117	机・テーブル	113	机・テーブル	94	人（衝突のみ）	162
机・テーブル	31	ベッド	46	柱	60	壁・天井	55	机・テーブル	127
いす	24	いす	43	人（衝突のみ）	55	手動ドア	54	壁・天井	103
壁・天井	17	柱	43	手動ドア	54	人（衝突のみ）	44	手動ドア	103

図表5-12　ぶつかったことによる救急搬送

出典：東京消防庁「救急搬送データ」（2012〜2016年）より

0歳		1歳		2歳		3歳		4〜6歳	
手動ドア	49	手動ドア	261	手動ドア	146	手動ドア	138	自転車	200
いす	17	エレベーター	63	エレベーター	39	自転車	50	手動ドア	193
その他の家具	13	いす	42	鉄道車両の戸袋	39	鉄道車両の戸袋	29	鉄道車両の戸袋	46
鉄道車両の戸袋	11	鉄道車両の戸袋	33	自転車	32	エレベーター	23	自転車の補助いす	41
人	8	その他の家具	28	いす	25	自動車のドア（トラック・バスを含む）	21	自動車のドア（トラック・バスを含む）	25

図表5-13　挟む・挟まれたことによる救急搬送

出典：東京消防庁「救急搬送データ」（2012〜2016年）より

● 転びやすい理由は？

　乳幼児が転びやすい原因はまず、平衡感覚が十分発達していないためです。また、体幹に比べて頭が大きく重く、重心の位置が高いこと、大人に比べて視野が狭いことも関係しています。

● 転倒・転落する場所は？

　転落が起こる状況にはいろいろなものがありますが、死亡や後遺症を残す危険性は、転落した高さと落下地点の表面の性状によって左右されます。乳児では、ベビーベッド、抱っこひも、ハイチェアなどからの転落、1歳前後からは階段、いす、歩行器ごと階段から転落、ベビーカーやショッピングカートからの転落、自転車の荷台、二段ベッドからの転落もみられます。危険なのは、高層階のベランダや窓など高所からの転落です。年齢が上がるに従って公園の遊具、屋根、工事現場などから転落します。

　乳幼児の転倒は滑りやすい場所でみられることが多く、転倒して家具のとがった角やガラスにぶつかります。年長になると、スポーツに関連した転倒がみられます。

● 転ばないようにするには？

　転ばないようにするのは難しいことです。靴下をはいていると、床の上ですべることがあります。大きなスリッパをはいているのも危険です。

　床に水がこぼれたら、すぐに拭くなどの配慮も必要です。風呂場は特にすべりやすく、通学路の転倒予防のため、雪や氷を速やかに取り除きます。乳児では、歩行器ごと地下室に転落して死亡する事故が起こるため、カナダでは歩行器の製造、販売が禁止されています。

● 子どもの生活環境の確認

　子どもの生活環境の整備が大切です。歩行する平面の段差をなくす、じゅうたんや流しの下にマットを敷かない、じゅうたんを敷くなら全面に敷く、床に電気コードや新聞紙を放置しないなどに気をつけます。つまり、乳幼児が主に生活する空間には、なるべく物を置かないようにします。また、部屋の明るさも十分かどうか確認してください。

　高い場所には子どもが近づくことができないようにし、ベランダには踏み台となるものは置かないようにします。ベランダの柵側に冷房の室外機、洗濯機を置

くことは危険です。これらを設置するときは、柵から60㎝以上離して設置します。転落予防のためには、窓には格子、ベランダの防護柵の隙間は11㎝以下に、二段ベッドはマットレスより少なくとも12.5㎝以上高い柵で四方を囲む必要があります。高所からの転落を予防するため、柵の高さは足掛かりから90㎝以上の高さを確保することが必要です。地面や床から76㎝以上の高さがある足場には、手すりを取り付けます。手すりの直径が4.5㎝未満であれば、子どもの手でつかむことができます。高所の窓や網戸は10㎝までしか開かないようにします。

　転んだ時の衝撃を和らげるためには、テーブルの角にクッションカバーをつけたり、ガラスにぶつかった時の対策として、強化ガラスを使用するか、ガラスに飛散予防フィルムを吹き付けます。階段のすそ部分の床には、詰め物をした柔らかいカーペットや衝撃吸収素材を張っておきます。体育館のように活動性が高い場所では、壁にパッドを張り、壁からの突起物（かばん掛けなど）を除去する必要があります。

　また、はさみや箸やフォーク、歯ブラシを持ったり、口に入れたまま転び、口の中を突くと危険なので、とがった物を持って歩くことはやめさせます。

スポーツでの転倒もよくみられます。ローラースケートの時はヘルメットをかぶり、肘や膝にはパッドを当てます。自転車に乗るときはヘルメットを着用します。頻回にけいれんを起こして倒れる子どもには、ヘッドギアをつける場合もあります。

ポイント●保育現場の対策

○知っておくべきこと
- 幼児では、転倒、転落、挟み事故が非常に多い

○ルールをつくる
- ベビーカーからの転落
  - →5点式ハーネスで固定する
  - →ベビーカーを止めたときに安定・固定の確認
- ベッドからの転落
  - →ベビーベッドの柵は常に上げておく
  - →ベッド柵の足掛かりから柵の上部まで50cm以上確保する
  - →乳児を大人用ベッドに寝かせない
  - →ベッドガードは2歳未満児には使用しない
- 抱っこひも
  - →子どもを抱っこひもに入れるときは、かがんで低い位置で使用する
- クーハン、歩行器、ショッピングカートからの転落
  - →使用しない
  - →使用する場合はベルトで固定
- 自動車のドア
  - →子どもを確認後に自動車のドアを閉める

○安全な製品や環境の整備
- ベランダや窓からの転落
  - →手すりの高さは、床面から120cm以上（足掛かりから90cm以上）
  - →足掛かりは20mm未満
  - →手すりの格子間の隙間と、手すり下部の隙間は9cm以下
  - →踏み台となるものは手すり柵から60cm以上離して設置
  - →エアコンの室外機は手すりから60cm以上離すか、上から吊るす
  - →室外機の上に上れないようカバーを設置
  - →窓際にベッドやソファ、いすを置かない
  - →ベランダの出入り口は施錠。子どもの手の届かない位置に補助錠
  - →学校の校舎、マンションの天窓は柵でカバーする
  - →高層ビルには窓ガードの設置（10cm以上開かないように）
- ガラスへの衝突
  - →成人の腰の高さ以下は、強化ガラスを使用する
- 階段からの転落

→階段の上下の入り口に転落予防の柵をつける
○ドア、窓などで挟む事故
　→玄関ドアの蝶番側にカバーをつける
　→ドアクローザーの使用
　→自動車のチャイルドロックの使用
　→防火シャッターは安全停止装置付きのものとする
　→ドア・ペグの使用

予防の取り組み

● 曲がる歯ブラシの開発

　歯ブラシや箸、ストローなど、棒状のものをくわえた状態で転倒することによる口腔・咽頭部の刺傷事故があります。東京消防庁の救急搬送データによると、歯ブラシに関係した傷害は2011〜2015年で213件ありました。年齢は1歳が46%を占め、1〜3歳で88%を占めていました。事故の原因としては「転倒」が61.5%と圧倒的に多くみられました[17]。転倒すると、喉を突き刺して（咽頭後壁にうみがたまる）咽後膿瘍（いんごのうよう）となることがあります[18]。

　今まで行われてきた注意喚起では、事故予防が十分ではありません。そこで、事故が起きても重症なけがを負わない歯ブラシの開発を行いました。これまでに産業技術総合研究所（産総研）では、転倒時の傷害リスクを評価する方法として、落下試験機を用いる方法[19]、インパクトバイオメカニクスとして知られている材料力学に基づくシミュレータを用いた方法[20]、転倒現象そのものを理解するための転倒データベースの作成[21]などを開発してきました。

　その技術を応用し、喉突き事故が起こった場合に歯ブラシによって生じる力の計測によるリスク評価を行いました[22]。

---

[17]　東京消防庁「乳幼児の歯磨き中の事故に注意」2016.
[18]　山中龍宏・北村光司・大野美喜子・西田佳史「子どもを事故から守るために」『小児歯科臨床』第22巻第6号、28〜33頁、2017.
[19]　明瀬英行・林幸子・小泉喜典・高野太刀雄・大野美喜子・西田佳史・北村光司・山中龍宏「多機関に分散した生活データを用いた傷害リスク評価〜傷害データ、転倒データベース、消防庁搬送データ、落下試験機を用いた刺傷事故の分析〜」『第31回日本ロボット学会学術講演会予稿集』1F2-04, 2013.
[20]　Myouse, H., Koizumi, Y., Takano, T., Nishida, Y., Kitamura, K., Mizoguchi, H., "Development of a System for Analyzing Common Laceration Generation Mechanisms", *Proceedings of the 2013 IEEE International Conference on Systems*, Man, and Cybernetics, pp.3095-3101, 2013.
[21]　Kakara, H., Nishida, Y., Yoon, S. M., Miyazaki, Y., Koizumi, Y., Mizoguchi, H., Yamanaka, T., "Development of Childhood Fall Motion Database and Browser Based on Behavior Measurements", *Accident Analysis & Prevention*, No.59, pp.432-442, 2013.
[22]　東京都「子供に対する歯ブラシの安全対策——東京都商品等安全対策協議会報告書」2017.

歯ブラシによる喉突き事故の危険性

　喉突き事故の発生時の状況を再現するために、落下試験機を用いて、子どもの頭部と同程度の重さのおもりと歯ブラシを落下させ、咽頭・喉頭部を模した鶏肉に衝突させ、衝突時に生じる荷重を計測しました。対象とする子どもの年齢は1歳と3歳とし、各年齢に合わせて頭部の重さを設定しました。また、落下の高さについては、産総研で整備した0〜3歳の転倒時の頭部の速度に関するデータベースを元に、各年齢の立位時と座位時の転倒速度を算出し、その速度を再現する落下の高さを設定しました。

　計測実験によると、喉突き事故予防を目的に開発された歯ブラシ以外は、すべての条件で鶏肉に突き刺さりました。条件によっては、最大で84kg重もの力が口の中の粘膜などにかかることがわかりました。84kgの人が乗ったのと同じ状態なので、歯ブラシのように細長い棒の場合、簡単に突き刺さってしまうような大きな値です。

　また、座位からの転倒と立位からの転倒を比較すると、立位からの転倒は、座位からの転倒の約0.9〜3.6倍の荷重値が生じていることがわかりました。

　多くの場合、歯ブラシが突き刺さった後に折れ曲がり、衝撃が徐々に吸収されていましたが、歯ブラシが接触する鶏肉の表面状態や微小な接触角度の違いによって、歯ブラシが折れ曲がらずに大きな荷重値が生じている場合もありました。このことから、座位であっても必ずしも安全と言い切ることはできず、衝撃吸収性能をもつなどの対策を施した歯ブラシが必要であることがわかりました。

● 転落による頭部外傷

　転落事故を起こしている身の回りの代表的な製品に関して、カタログや安全基準などをもとに、転落の高さの最小と最大を調査し、それぞれの製品から転落した場合の頭部傷害のリスクをコンピュータ・シミュレーションで計算しました。

　重篤な頭部傷害が発生するリスクの評価に関しては、頭部外傷基準（Head Injury Criterion：HIC）[23]を用いました。HICとは、自動車業界において衝突事故時における頭部傷害耐性として提案された指標です。今回の解析に使用したコンピュータモデルは3歳児のモデル[24]で、モデルの身体寸法、質量特性には日本の3歳児のデータが反映されています。

　図表5-14は、代表的な製品から転落した際の危険性について、子どもが衝突

---

[23] Kleinberger, M. et al., *Development of Improved Injury Criteria for the Assessment of Advanced Automotive Restraint Systems*, National Highway Traffic Safety Administration, 1998.

[24] 宮崎祐介・持丸正明・西田佳史・河内まき子・宇治橋貞幸「年齢別子ども転倒シミュレータによる遊具の転倒傷害危険度の可視化」『日本ロボット学会誌』第26巻第6号、561〜567頁、2008.

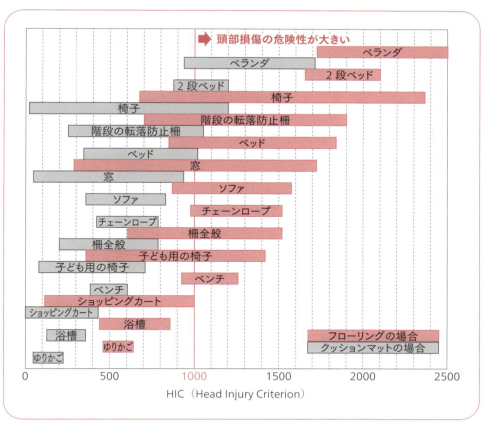

図5-14　身の回りの製品に起因した転落による重篤な脳損傷の可能性（3歳児モデルを用いたシミュレーションの結果）

する床の材質が木製フローリングとEVA樹脂製クッションマットで比較したものです。この図表からは、次のことがわかります。

- 身の回りの製品ごとに、転落の際に発生する頭部傷害のリスクが大きく異なる
- 同じ製品群でも形状などが異なり、転落の高さが変化するために頭部傷害のリスクが異なっている
- 重篤な頭部傷害が発生する可能性のある製品（HIC1000を超える製品）が多くある
- 床材を変更することで傷害リスクを大幅に減少させられる（クッションマットの使用など）

参考文献

- 加唐寛征・西田佳史・San Min Yoon・宮崎祐介・溝口博・山中龍宏「生体力学シミュレーションのための転倒データベースの構築」『日本機械学会シンポジウム：スポーツ・アンド・ヒューマン・ダイナミクス2011 講演論文集』255～259頁, 2011.
- Peden, M. et. al., *World report on child injury prevention*, World Health Organization（WHO）, 2008.

5 交通事故

交通事故の現状

　交通事故による死者数は1947年から統計がとられ始め、1970年、死者数は1万6765人となり、第一次交通戦争といわれました。近年、死亡数は減少し、2017年度は3694人と、統計開始以来最少となりました。しかしこの数値は、事故発生後24時間以内の死亡数であり、30日以内の死亡数は4431人となっています。死傷者数をみると、4歳以下は7021人、5〜9歳は1万3399人でした。4歳以下では、自動車乗車中が77％、自転車乗車中が10％、歩行中が12％、5〜9歳では、自動車乗車中が44％、自転車乗車中が24％、歩行中が32％でした。

　死亡統計では、2016年の交通事故による死亡は、0歳（3人）、1〜4歳（28人）、5〜9歳（34人）で、不慮の事故死の約3割を占めていました。

● 自動車に関連した事故

自動車事故の予防

　交通事故は自動車事故がほとんどです。そのため、事故予防には自動車の構造と運転者の行動の両面からの予防策が必要となります。

　自動車の安全装備には、事故の発生を防ぐ能動的安全（アンチロックブレーキシステム、四輪駆動など）と、事故が起こったときの損害を最小限にする受動的安全（シートベルト、エアバッグなど）があります。最近では、自動ブレーキやペダル踏み間違い時加速抑制装置などを搭載した安全運転サポート車の普及への啓発が行われています。

　運転者の行動に対しては、厳しい安全規則を定め、それを厳密に行使させる必要があります。これには、飲酒運転の予防、シートベルト着用の義務、運転中の携帯電話の使用禁止などがあります。

チャイルドシートの必要性

　子どもの自動車事故の重症度を軽減させるためには、大人のシートベルトと同じ役目をする「チャイルドシート」を着用させることです。先進国では、チャイルドシートの着用が義務づけられており、アメリカでは1985年までに、全州で法律で義務づけられました。アメリカでは、生まれた赤ちゃんが産院を退院するときにチャイルドシートを持参しなければ、退院が許可されません。

　日本では、2000年4月から、6歳未満の子どもを自動車に乗車させる場合にチャイルドシートの使用が義務づけられました。義務化前の使用率は10％未満でしたが、義務化されたことにより約50％になり、2017年の使用率のデータは全体で64％（0歳は87.1％、1〜4歳は65.6％、5歳は40.9％）と報告されています。

　チャイルドシートは、自動車に適切に取り付けられていないと、衝突時に子どもの身体を保護することができませんが、適切に取り付けられていたのは約40％と報告されています。チャイルドシートには多くの課題があることがわかります。保育所や幼稚園でも、自動車で子どもを移動させるときは、チャイルドシートの使用が必須です。これは送迎バスも同様です。

● 自転車に関連した事故

　子どもが屋外で元気に遊ぶことは、健康な成育に欠かせません。病院を定点とした事故による子どもの傷害データの統計によると、子どもの事故にかかわる製品の上位は「自転車」と「遊具」で、予防できる重症事故が多発しています。

　自転車による事故は、重大な脳損傷の原因になります。小さなけがは成長に欠かせないものですが、死亡や後遺症に至るようなけがにならないように、あらかじめ危険性を知って事故を予防することが大切です。

ヘルメットの着用

　自転車の事故は、本人の注意だけでは防げません。脳損傷の最も効果的な予防策は、ヘルメットの着用です。日本では、2008年の道路交通法改正により、幼児および児童（13歳未満）に対するヘルメット着用の努力義務が施行されました（道路交通法第63条の11）。これは、保護者が運転する自転車に子どもを同乗させる場合、または、子ども自身が自転車を運転する場合にもヘルメットを着用するように努めなければならないということです。

　海外の調査では、ヘルメットの着用によって頭部外傷のリスクが60％軽減することが示されており、その効果が厳密に検証されています。最近では、キックスケーターや自転車に似た「ペダルなし二輪車」が普及していますが、これらを使

う際にも自転車と同様にヘルメットを着用しましょう。

ヘルメットの着用率は？

　2008年の改正から10年が経過し、ヘルメットの着用率はどうなっているのでしょうか。「au自転車向けほけん」を取り扱うKDDIは、週に1日以上、日常的に自転車を利用する1000名（うち561名が保護者）を対象に、2017年に「自転車のヘルメット着用に関する意識調査」をインターネットで実施し、その結果を公表しました。

　調査結果によると、未就学児（6歳以下）の着用率は57.7％、小学生は48.9％で、中学生・高校生になるとさらに低いという実態が明らかになりました。

　産業技術総合研究所（産総研）では、病院等から傷害データを収集し、自転車事故によって身体のどの部分にけがをしているのかを調べました。その結果を表したのが**図表5-15**です。頭の部分、特に額のあたりやかかとにけがをしている子どもが多いことがわかります。

ヘルメットの有効性

　このようなけがを防ぐために、自転車用ヘルメットの着用が義務づけられていますが、本当にヘルメットは有効なのでしょうか。産総研では東京工業大学と共同で、ヘルメットの有効性を検証する実験を行いました。

　まずはヘルメットを着用していない、自転車用チャイルドシート（ヘッドレストなし）に座った状態で、自転車が転倒した場合を見てみましょう（**図表5-16**）。

　右上のグラフに描かれた赤線が、頭にけがをするかどうかのラインです。この

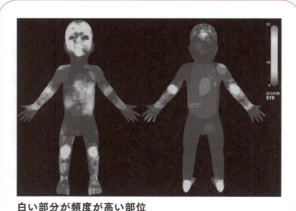

図表5-15　自転車事故による子どものけがの部位

線を超えると、頭の骨が折れるなどの大きなけがを負います。ここでは3回実験をしていますが、3回とも赤い線を大きく超えています。

図表5-17では、ヘルメットをかぶり、自転車用チャイルドシート（ヘッドレストあり）に座った状態で、自転車が転倒した場合を見てみましょう。

今度は赤いラインを下回っています。大きなけがには至らなかったということ

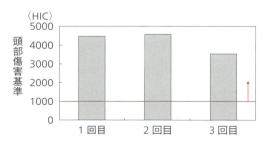

図表5-16　自転車の転倒による頭部への影響（ヘルメットなし）

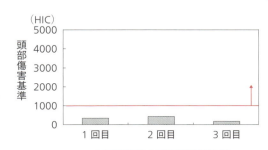

図表5-17　自転車の転倒による頭部への影響（ヘルメット着用）

交通事故　117

です。ヘルメット着用と、肩または頭までしっかり覆われた自転車用チャイルド
シートの有効性がよくわかります。

ヘルメットの選び方

　どんなヘルメットを選べばよいのでしょうか。次のポイントを知っておきま
しょう。

① 　SGマークが付いている

　　SG（Safe Goods）は「安全な製品」ということです。製品安全協会の厳しい試
験・審査を経て認証された製品には「SGマーク」が付けられます。SGマーク
が付いているかどうかが安全性の高いヘルメットの1つの基準になります。自
転車用チャイルドシートも同様です。

② 　キッズデザイン賞の受賞

　　キッズデザイン賞は、キッズデザイン協議会が行っている顕彰制度です。
キッズデザイン賞を受賞した製品は、子どもの安全に寄与している製品である
といえます。

③ 　子どもの頭の形に合っている

　　欧米人の子どもと日本人の子どもの頭の形は違います。海外メーカーのヘル
メットを選ぶ場合は、そのヘルメットが子どもの頭の形に合ったものかどうか
を確認してください。欧米型のヘルメットをかぶると、サイドはぴったりでも
前後が余ってグラグラし、フィットしない場合があります。

ヘルメットの正しいかぶり方

　よいヘルメットを購入した後は、かぶり方が大切です。ここでは、子ども自身
が確認できる「3つの約束」を紹介します。

① 　子どもの「目」で確認：ヘルメットの縁が地面と平行になっている

　　ヘルメットを後ろに傾けてかぶっている子どもを見かけることがあります。
ヘルメットは子どもの額を守ることが大切なので、ヘルメットの縁が地面と平
行になるようにかぶります。子ども自身に確認してもらいましょう。まっすぐ
正面を見て、頭を傾けずに空を見上げたときに、ヘルメットの縁が見えるかど
うか。縁が見えればOKです。

② 　子どもの「指」で確認：あごひもにたるみがない

　　あごひも（ストラップ）の締め方も重要です。あごひもにたるみがないよう、
きちんと締めてください。子ども自身で確認することができます。耳の前後に
かかっているあごひもの上に、Vサインをつくるように人さし指と中指を添わ

118

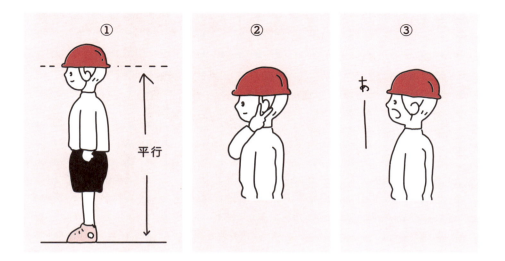

せてみます。指があごひもにぴったり添っていればOKです。

③　子どもの「声」で確認：あごひもがきつすぎない

　あごひもの締め方がゆるいとヘルメットが脱げてしまいますが、きつすぎると子どもが苦しく、かぶるのを嫌がる原因にもなります。あごひもを締めたら、子どもに「あー」と声を出してもらってください。無理なく「あー」と言えればOKです。

赤ちゃんを抱っこ・おんぶしての自転車の運転

　ヘルメットをかぶることのできない乳児をおんぶしたり抱っこしたりして自転車を運転してもよいのでしょうか。道路交通法には特に記載がなく、各自治体がそれぞれ規則をつくり、「乳幼児一人をおんぶひも等で背負った状態であれば運転してよい」などと定めています。

　しかし、おんぶひもでしっかり固定していても、衝突時や転倒時に乳児がけがをしたり、中には死亡するケースもあり、大きな課題となっています。ヘルメットを着用することのできない乳児をおんぶしたりだっこしたりして自転車を運転しないことが推奨されていますが、「現実的ではない」という声も寄せられています。

　「私は転倒したりしない」「交通量の少ないところを走っているから大丈夫」という声も聞きますが、衝突や転倒の可能性があることを知っておく必要があります。

ポイント●保育現場の対策

○知っておくべきこと

- 交通事故は重症度が高く、頻度が高い事故である
- 自動車乗車中の事故、自転車事故、歩行者の事故の3つがある
- 保護者は、園まで送り迎えをしており、日々、関心をもつ必要がある

○ルールや規則

- 自動車関連の事故
    - →適切に装着されたチャイルドシートを使用
    - →どの年齢層でも、自動車に乗る場合には必ずチャイルドシート、ブースターシート、シートベルトを正しく使用
    - →2歳未満（13kg未満）は進行方向後ろ向き45°で座らせる
    - →後部座席でもシートベルトを使用
    - →助手席にチャイルドシートを設置しない
    - →妊婦もシートベルトを使用
    - →車中に乳幼児を1人で放置しない
    - →子どもを自動車に乗せる場合、最初に、子どもにチャイルドシートを使用させ、それから発車する。自動車を止める場合は、最初に大人が降り、子どもは最後にチャイルドシートを外して降ろす
    - →罰則の強化（飲酒運転、携帯電話の使用、チャイルドシート不使用など）
- 自転車、ペダルなし二輪車（ストライダーなど）の事故
    - →ヘルメットの着用
    - →足部ガード付きのいすの使用
    - →子どもを乗せるときは最後に、降ろすときは最初に
    - →おんぶや抱っこをして自転車に乗らない
    - →定期的に安全点検（ブレーキなど）
- 歩行中の事故
    - →自宅周辺の交通事情を調べ、安全性が高い道を歩くようにする（小学1年生の歩行中の事故は、自宅から100m以内が33%、500m以内が64%、1km以内が81%（2015年）。7歳男児に多く、交差点が多く、平日の昼間に発生）

○安全な製品や環境の整備

- シートベルトが設置された園バス
- チャイルドシートはISOFIXを使用
- 安全運転サポート自動車（速度調節メカニズム、自動停止などの配備車）の使用
- 園の周辺に自動車が入れない区域をつくる
- 自動車を減速させる仕掛けの設置
- 自転車専用道路の整備

6 遊具による事故

> **事例**
>
> 2011年10月12日午前9時20分ころ、3歳11か月の女児が幼稚園の園庭に設置された登り棒つき滑り台で遊んでいた。遊具の上部の鉄板の柵の間をくぐり抜け、本来登るために設置されていた遊具後方の棒を伝って地面に降りる遊びが常態化していた。保育者がふと遊具に目をやったところ、登り棒上部の一部水平となった部分に前頸部を支点としてぶら下がっている児を発見した。すぐに大声で助けを呼んで女児を降ろしたが、降ろした時点では意識はなかった。すぐに救急要請したものの近隣に収容可能な施設がなく、受傷後1時間以上経過してから入院した。
>
> 遊具の上部天板は地面から約2.2mの高さ、上部鉄板にある柵の高さは70㎝、柵の間隔は約17㎝、また登り棒上部の水平部分は約12.5㎝であった。柵の間をすり抜けた際に誤って転落し、前頸部が登り棒上部の水平部分に引っかかったと推測された。入院時、呼吸、循環は保たれており、意識レベルも問題なかった。神経学的に異常は認められなかったが、前頸部に出血斑が認められた。1日入院して翌日、退院した。

出典：日本小児科学会『Injury Alert』第27号、2011. をもとに作成

遊具による事故の実態

　遊具に起因する子どもの事故の実態は、いくつか報告されています。日本スポーツ振興センターの災害共済給付のデータ、厚生労働省の調査データなどがありますが、ここでは東京消防庁のデータをみてみましょう[25]。

　2007年から2010年までの4年間に、公園・広場などの遊具に起因する事故で、

※25　東京消防庁（http://www.tfd.metro.tokyo.jp/lfe/topics/201105/yugu.html）

12歳以下の子どもの2095人が救急搬送されました。搬送人員は2008年から増加傾向がみられ、月別にみると春と秋に多く、4月が最も多くて2月が最も少なくなっていました。

年齢別にみると、0歳児の搬送はなく、歩き始めて屋外に出る機会が増える幼児、友人と公園や広場などで遊ぶ機会が増えてくる学童に多く発生していました。初診時に入院を必要とする中等症以上と診断された事故の発生割合は、年齢が上がるごとに増加し、8～12歳では、救急搬送された子どものうち、3～5人に1人が入院を要する傷害を受けていました。

遊具別にみると、すべり台による事故が最も多く、次いでブランコとなっており、この2つで全体の52.8％が占められていました。続いて、鉄棒、ジャングルジム、雲梯、複合遊具の順でした。すべり台の事故は2歳が最も多く、ブランコは2～4歳、6～8歳の事故が多くなっていました。ほかの遊具は、ぶら下がったりバランスをとったりなど、複雑な運動が必要で、より年齢が高い子どもで事故が発生していました。

受傷機転別にみると、転落が65.5％と最も多く、次いで衝突が18.5％で、この2つで84％が占められていました。

すべり台の転落事故で、転落地点が明らかな158人についてみると、すべり台に登る部分（階段部）からの転落が46.2％、すべり台の上の踊り場付近からの転落が30.4％、滑降部からの転落が19.0％となっていました。すべり台の踊り場の落下予防柵の外側にぶら下がって手をすべらせて転落、すべり台の地上部分から滑走部を逆走して事故になる事例もありました。

ブランコの衝突について、受傷した状況が明らかな106人をみると、他人がこいでいたり、揺れているブランコに近づいたり、ブランコの前後を横切ったことでブランコの着座部などが身体に衝突する事故が67.9％を占めていました。

遊具によって子どもが傷害を受けるパターンはほぼ決まっているので、どの年齢でどのような傷害が起こるかは、これらを参考にするとよいでしょう。

● 子どもの遊びと危険の考え方

子どもは、遊びを通して自らの限界に挑戦し、身体的、精神的、社会的に成長します。また、集団の遊びのなかで自分の役割を確認するほか、遊びを通して自らの創造性や主体性を向上させていくものと考えられ、遊びは、すべての子どもの成長にとって必要不可欠のものと位置づけられています[26]。

※26　国土交通省「都市公園における遊具の安全確保に関する指針（改訂版）」（http://www.mlit.go.jp/report/press/city10_hh_000008.html）

遊具の事故の原因は、人側に危険の原因がある場合（人的ハザード）と、遊具側に欠陥がある場合（物的ハザード）に分類できます。例えば、人的ハザードがある状態とは、首から水筒などを下げている状態で、ひもが首に巻き付いて窒息につながります。物的ハザードがある状態とは、遊具の老朽化や設計不良などで安全基準が満たされていない状態です。

遊具による事故を防ぐには、遊ぶのに適した服装をし、もし遊具の欠陥を見つけた場合には修繕することが大切です。具体的には、死亡事故や指など身体の一部を失うような重大事故を防ぐことが必要です。

● 遊具の安全管理

欧米各国では、1970年代後半以降、公園・遊具の安全基準を定め、安全性の確保に努めてきました[27]。アメリカ消費者製品安全委員会（CPSC）は1981年以来、公共の遊び場とそこに設置されている遊具について、安全基準の改定を続けています[28]。欧州連合（EU）の15か国は1990年代末に共通の遊び場・遊具の安全基準を制定し[29]、カナダも1998年に基準を改定[30]、オーストラリアも同様です[31]。これらの安全基準は遊具の構造のみならず、遊具の保守管理、遊び場の地表面材、遊具の配置等についても基準を示しています。

日本では2002年3月、国土交通省が「都市公園における遊具の安全確保に関する指針」を策定し、2008年8月に改訂版、2014年6月に改訂第2版が公開されました[32]。これは一般に、遊具の指針、遊具指針と呼ばれているものです。日本公園施設業協会も2002年10月、「遊具の安全に関する基準（案）JPFA-S：2002」を作成し[33]、これに沿った安全管理講習会などを実施してきました。しかし、老朽化したり、適切な保守管理を怠った公園遊具による事故が後を絶たないことから、同協会は遊具安全基準を見直し、新たに遊具の部分ごとの標準使用期間を定めました。

遊具による傷害の予防活動

遊具による傷害を予防するために、公園や広場で危険な行動を見かけたら注意する、子どもに遊具の正しい遊び方を教える、小さな子どもには保護者が付き添って、子どもから目を離さない、遊具の登り降りは両手を使う、ブランコなど

※27　Christiansen, M., *Park & Recreation*, pp.72-77. 2001.
※28　U. S. Consumer Product Safety Commission（CPSC）, *Handbook for Public Playground Safety*, 1981.
※29　※27と同
※30　Howard et al., *CMAJ*, No.172, pp.1443-1446, 2005.
※31　Mitchell et al., *Health Promotion Journal of Australia*, No.18, pp.98-104, 2007.
※32　※26と同
※33　日本公園施設業協会「遊具の安全に関する規準　JPFA-S：2008」（http://www.jpfa.or.jp/）

遊具による事故　123

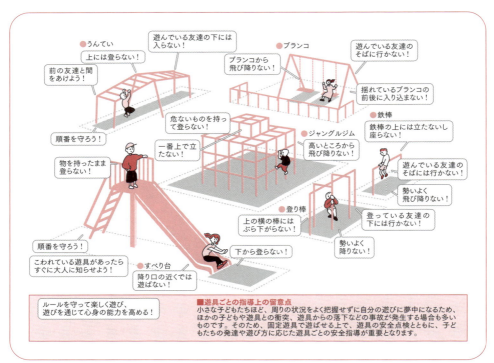

図表5-18　安全指導のポイント

大きく揺れる遊具では遊んでいる人のそばに近づかないなどの注意喚起が行われていますが、その効果は証明されていません[※34]。

遊び場の傷害予防対策の中での重点課題は、次の4点です。
①転落時に致死的となる頭部外傷の予防
②衣服などが引っかかって致死的な首吊り状態になる傷害（絞扼）の予防
③身体部位が狭い隙間に挟まれて呼吸困難となって死亡する事故の予防
④明らかに危険であることがわかっている遊具の禁止

1. 転落時の頭部外傷の予防

遊具からの転落事故は死亡例の約半数を占めており、落下しないようにしかるべき柵構造を義務づける、たとえ落下しても遊具の下の地表面を衝撃吸収素材のものに置き換えることで、致死的な頭部外傷を予防することができます。アメリカでは、遊具の高さと、その下の地表面の緩衝素材を何にするかの基準を作成しています。また、それぞれの遊具の種類によってその周囲を使用領域として定め、使用領域には緩衝素材を敷設すべきであるとしています。

※34　※25と同

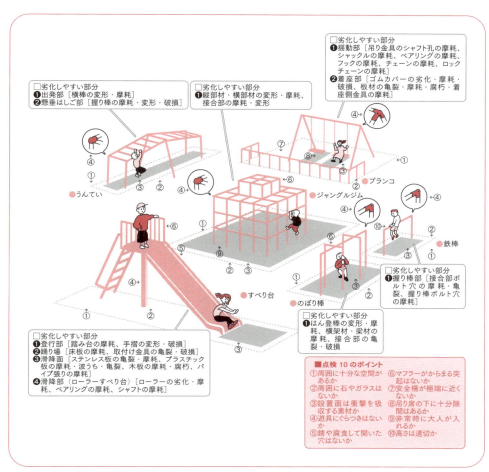

図表5-19　点検・管理のポイント

2. 衣服などによる傷害の予防

遊具で遊ぶ際には、「フードのある服を着ない。首から下げる水筒などを持たない。ランドセルを背負わない。自転車用のヘルメットをかぶらない」ことが必要です。これらは窒息事故につながります。窒息を予防するために、ボルトやナットなどの出っ張りや、溶接の突出部がどの程度までなら許されるかも定められています。

3. 身体部位が要因となる死亡事故の予防

遊具の鉄パイプなどの構造物がつくる鋭角の角度は55度以上でなければならないと、具体的な数値が示されています。隙間に首が挟まって呼吸困難になったり、指が挟まり切断された事例も発生しています。

4. 明らかに危険な遊具の禁止

これまでに指摘されてきた明らかに危険な遊具の代表例は、遊動円木、回旋塔、箱ブランコの3つです。これらの遊具は、子どもが自分の力で遊具の動きをコントロールすることができず、作動時に大きな力が発生して重症度が高い傷害につながります。トランポリンは、脊髄損傷など重傷な外傷の原因になっています。

最近、健康器具と呼ばれる成人を対象とした器具が公園に設置されるようになっています。健康器具は遊具ではないので、遊ばせないようにしましょう。

遊具の事故では、遊具や地面と歯が強くぶつかることで歯が抜けてしまうことがあります。抜けた歯は、歯の根元にある歯根膜と呼ばれる細胞を傷つけないように冷たいミルク（ロングライフミルクや低脂肪乳を除く）や生理食塩水で汚れを流して、そのまま浸して専門医に持っていきましょう。抜けた歯を一時的に保存する専用液も売られています[35]。

これらの製品や設置場所の改善のほか、遊具の定期点検と修理も必要です。遊具による傷害は必ず発生すると考え、安全点検することが不可欠です。保育所や幼稚園、学校、公園、商業施設などで遊具の管理をする立場にいる人は、専門家に定期的な遊具の点検を依頼しましょう。遊具の機能を維持したり危険を見つけるためには、専門的な知識が必要となります。日本公園施設業協会から「遊具の安全に関する規準　JPFA-S：2008」が出され、これに沿った安全管理講習会が実施されています。簡単な点検であれば、NPO法人プレイグラウンド・セーフティ・ネットワークの点検表（**図表5-20**）を用いるとよいでしょう。

遊具による傷害を予防するためには、遊具による傷害の情報を継続的に収集するサーベイランスシステムの確立も必要です。　　　　　　　　　　◆

ポイント●保育現場の対策

○知っておくべきこと
- その遊具で起こりやすい事故、起こりやすい年齢を知る
- 日射によりスチールやステンレスの表面が高温になる
- 緊急時の連絡先

○ルールをつくる
- 炎天下では遊ばせない
- 帽子をかぶらせる
- 雷が鳴ったら外で遊ばせない

※35　日本外傷歯学会「外傷歯治療のガイドライン」（http://www.ja-dt.org/guidline.html）

- 遊具の安全点検を定期的に行う（ハザードチェックリストの使用）
- 遊ぶ前に、石やガラスが落ちていないかのチェック
- 子どもの服装のチェック（首周りにひもやフードが付いた服は身につけさせない、ランドセル・かばん・水筒・ヘルメットは外させる、足に合った脱げにくい靴をはかせ、靴ひもはしっかり結ばせる）

○安全な製品や環境の整備
- 安全基準に準拠した遊具の購入
- 定期的な保守管理

遊び場の名称	○○○○児童遊園		
安全点検実施日時	○○月○○日　○　時頃	点検代表者名	○○○○

※チェック項目に該当する遊具等が見つかった場合は、チェック欄☑に印を付け、遊具・設備名および遊具の部位を記入して下さい。

No.	診断	ハザード	チェック項目	☑	不具合の見つかった遊具設備名・部位
1	基準診断	①尖端・角・縁	鋭利な尖端・角・縁がある		
2		②突起・ひっかかり	突起やひっかかりがある		
3		③エントラップメント（挟み込み）	挟み込まれるような開口部がある		
4		④遊具基礎	遊具の基礎が露出している	✓	ぶらんこ　基礎部2ケ所が20cmほど露出
5		⑤設置面	転落の可能性がある設置面が硬い		
6		⑥遊具選定	監督者不在の遊び場にふさわしくない遊具が設置されている		
7		⑦遊具配置	事故を誘発するような遊具の配置		
8	利用診断	①異　物	ロープやチェーン等の異物が放置されている		
9		②服装・持ち物	カバン・マフラーを身につけたまま遊んでいる		
10		③保護者・監督者	幼児に適切な監督がなされていない		
11		④対象年齢	遊具の利用対象年齢に合わない遊具で遊ぶ		
12		⑤周囲環境	飛び出しや周辺から見えにくい状況がある		
13	劣化診断	①腐食・損傷・摩耗	腐れ・ひび・砕けなど遊具の劣化／着地部の窪み	✓	ぶらんこ　座部のゴム製カバーの一部剥がれ
14		②欠落・欠損・消失	遊具の一部やネジが取れる・消失・緩み	✓	シーソー　2ケ所の柄がぐらついている
15		③汚　損	ガラス、ゴミが散乱し、落書き、破壊されている		

図表5-20　遊び場の事故予防のためのハザードチェックリスト7・5・3〔記入例〕

出典：プレイグラウンド・セーフティ・ネットワーク『遊び場事故予防活動マニュアル』24頁、2003.

遊具による事故　127

7 窒息

事例

　3歳児。本来は2歳児クラスに該当するが、運動および言語に発達遅滞がみられるため、1歳児クラスで保育を実施していた。咀嚼する力がほかの子どもより弱いため、口の中で食物を押しつぶすようにして嚥下していた。そのため、食事の際は必ず保育者が付き添い、食物を適当な大きさにして提供するなど細心の注意を払っていた。

　2017年2月8日午後3時12分頃、1歳児クラスのおやつとして、背割りにしたパンに、油で炒めたウインナーとキャベツをケチャップやカレー粉で味つけしたものを挟んだホットドッグと牛乳が出て、本児には食べやすい大きさになるよう手でちぎって与えていた。4口目を与えた数秒後、本児は急にいすから立ち上がり、息苦しそうにしていた。

　保育者は、すぐに窒息を疑って背部を叩打し、3時17分に救急隊を要請した。5分後に救急車が到着し、救急隊員がドクターヘリコプターを要請、3時48分にヘリコプターに収容された。一時心肺停止の状態であったが、3時52分に心拍が再開した。以後、病院で各種の治療を受け、約8か月半後に退院し、自宅療養となった。

　子どもの事故の中でも重症度が高いのが窒息です。窒息は瞬時に発生し、5、6分間気道が閉塞されると死亡することもあります。乳幼児、高齢者、障害児では、食物による窒息が起こりやすく、窒息の予防・処置について知っておくことが必要です。

窒息とは

　窒息とは、気道の閉塞などの換気障害によって肺組織と肺循環系とのガス交換

が障害され、急性の低酸素血症と炭酸ガス過剰をきたすことで現れる病的状態をいいます。原因としては、鼻や口の閉塞、気道の圧迫閉塞（扼頸）、気道内異物による閉塞、胸郭部の圧迫による呼吸運動障害などがあります。また、一酸化炭素による酸素分圧の低下でも窒息となります。

● 乳幼児の窒息の実態

日本の乳児（0歳児）の不慮の事故死（2016年）[36]の総数は73名、そのうち不慮の窒息死は62名で85％を占め、乳児期の不慮の事故死の主な死因となっています。その内訳としては、ベッド内での不慮の窒息および絞首が24名（39％）、胃内容物の誤嚥が19名（31％）、気道閉塞を生じた食物の誤嚥が10名（16％）、そのほかの物体の誤嚥が3名、不明の窒息が6名でした。1〜4歳では20名が死亡しました。「胃内容物の誤嚥」による窒息の原因がミルクとされている場合には、ミルクが窒息の原因であるのか、解剖時に気管内にミルクが認められただけなのかを判断することは難しいです。

脳性麻痺、精神運動発達遅滞、喉頭部の奇形など、基礎疾患がある乳児では窒息の危険性が高くなります。

● 窒息と鑑別を要する疾患

乳児期に最も頻度が高い突然死は、乳幼児突然死症候群（Sudden Infant Death Syndrome：SIDS）[37]です（コラム（149頁）を参照）。SIDSとは、「それまでの健康状態および既往歴からその死亡が予測できず、しかも死亡状況調査および解剖検査によってもその原因が同定されない、原則として1歳未満の児に突然の死をもたらした症候群」と定義されています（厚生労働省SIDS研究班、2015年）。

SIDSと症状は似ていますが、死亡しない場合を、乳幼児突発性危急事態（apparent life threatening event：ALTE）といい、「呼吸の異常、皮膚色の変化、筋緊張の異常、意識状態の変化のうちの1つ以上が突然発症し、児が死亡するのではないかと観察者に思わしめるエピソードで、回復のための刺激の手段・強弱の有無、および原因の有無を問わない徴候」と定義されています（厚生労働省SIDS研究班、2016年）。

日本におけるSIDSの発生頻度は、出生1000人当たり0.12前後とされ、1年間に約140人の乳児が死亡しています。

定義では、「SIDSとは剖検によっても死因が不明であるもの」と明記されてい

---

[36]　厚生労働省「平成28年人口動態統計」
[37]　仁志田博司『乳幼児突然死症候群とその家族のために』東京書籍、1995.

窒息　129

ますが、実際の突然死の解剖された症例を検討しても、窒息が死因であるのか、SIDSが死因であるのか、はっきりしないことも多いのです。ベッド内での不慮の窒息の中にはSIDSが含まれている可能性があり、逆にSIDSの死亡の中に、窒息の症例が含まれている可能性もあります。

実際に、大阪府の乳児の突然死例の剖検による診断名についてみると、5つの地区の間に大きな差が認められました。ある地区では、窒息が半数以上を占め、ほかの地区ではSIDSが半数を占めていました。窒息とSIDSを合計すると、どの地区も一定の比率となり、担当医によって、「窒息」と診断することが多い人と、「SIDS」と診断することが多い人に分かれることがわかります。

現在は乳児突然死の分類基準が検討されており、今後はある程度合意された診断基準で検討できることが期待されています。

添い寝によって乳児が窒息する危険性については、危険性があるという意見と、ないという意見があり、医学的にはっきりしたことはわかっていません[38]。また、乳児期には被虐待児症候群として故意に窒息させられることもあり得ます。

● 窒息をきたす原因とその物質[39]

生命にかかわる窒息は、歩行を開始したばかりの乳幼児や、重症心身障害児でみられることが多いです。理由としては、①乳児では臼歯がないため、食物を噛んで適切な大きさにすることができない、②食物を大きいまま飲み込むために詰まりやすい、③食べている時に、走ったり、遊んだり、笑ったり、泣いたりするので詰まりやすい、④障害児では、嚥下障害があったり、喀出力が弱く詰まりやすいなどがあげられています。

窒息を引き起こす物質には、食物では、こんにゃく入りゼリー、ブドウ（巨峰）、ミニトマト、生のにんじん、棒状のセロリ、リンゴ、ソーセージ、肉片、コンニャク、ちくわ、白玉団子、みたらし団子、ポップコーン、ナッツ、えんどう豆、丸いキャンデー、餅、せんべいなどがあります。また、小さな玩具あるいはその小部品、ビー玉、硬貨、風船、ペンのキャップなどで窒息することもあります。

窒息の予防

漠然と「詰まることがあって危ないから気をつけなさい」と指示したり、資料

---

[38] ウィルソン, M. H. ほか、今井博之訳『死ななくてもよい子どもたち──小児外傷防止ガイドライン』メディカ出版、1998.
[39] 山中龍宏「異物誤飲、誤嚥」『小児科臨床』第51号、111〜120頁、1998.

を渡すだけではほとんど効果がなく、具体的に指導することが必要です[40]。新しい種類の窒息が一件発生したとすると、必ずどこかほかのところでも同じ事故が発生すると認識し、早急に防止対策を考えるべきです。

● 経口的異物による窒息に対する対策

　窒息も誤飲も、口に入ってから起こる事故という点では共通しています。

　欧米では、小児の最大口径である32㎜、長さ25〜57㎜のプラスチックの円筒（Choke tester）を保護者に渡し、その中に入るものは誤飲する危険性があると教えています。口径32㎜の値は、アメリカ玩具協会の乳幼児の口に入らない安全おもちゃの基準値となっていますが、このサイズ以上のものでも誤飲が発生しており、口径は43㎜が望ましいとも指摘されています。

　日本の3歳児の最大開口口径の平均値は39㎜でしたので、それをもとに、誤飲チェッカーを作成しました（88頁を参照）。

　具体的な対策としては、
・乳幼児期は、手にしたものは何でも口に持っていく時期であると認識する
・畳や座卓の上など、床からの高さが1m以下の場所に置かない
・口径39㎜以下の大きさのものを置かない
・部屋や身の回りの後始末を心がける
などが必要です。生後5か月になったら、「何でも口に入れるようになる」と認識し、誤飲チェッカーを使って危険性が高い製品を確認してください。

● 食物による窒息の予防[41]

　食物による窒息の予防のためには、固い小片になるような食物（生のにんじん、セロリ、リンゴ片など）は避け、粉状にする、調理する、あるいはつぶすようにします。ウインナーソーセージ、フランクフルトソーセージなどは小さく切り、ソーセージの外皮はむいておきます。ポップコーン、ナッツ類、固いキャンデーなどは4歳までは避けたほうが安全です。

　乳幼児用の食品は、固くないこと、丸くないこと、サイズが気道の大きさと合致しないことなどが必要です。丸くてある程度の大きさ、固さがある食べ物は小さくして提供する必要があります。

※40　山中龍宏「小児の事故防止活動とセーフティセンター」『小児科診療』第59号、1637〜1643頁、1996.
※41　※40と同
※42　※38と同

● 絞首、外部からの圧迫、鼻口の閉塞への対策[42]

　乳児の首にひっかかるものであれば、首を吊ったり絞めたりする可能性があります。カーテンのひも、ひもがついているおもちゃ、おしゃぶりのひも、拘束装置のベルト、衣服についている長いリボン、鍵を吊るしたひもなど、いろいろなものが窒息の原因となります。乳幼児のいる家庭や保育所では、ひもの使用は避けることが望ましいです。

　また、ビニール袋による窒息を防ぐには、通気孔を開けることです。袋の表面に、窒息する危険性について表示されているものもあります。発泡スチロールのコップで窒息することもあります。

　ベビーベッド、二段ベッド、ベッドガードなどでも窒息する事例が報告されており、安全基準を検討する必要があります。

● うつぶせ寝の指導[43]

　現在のところSIDSの原因は不明ですが、欧米ではSIDSを起こしやすい要因が検討され、①うつぶせ寝、②保護者の喫煙、③人工栄養、④厚着の4つが指摘されています。欧米では、うつぶせ寝を避ける指導によってうつぶせ寝の頻度が減少し、それとともにSIDSの発生頻度が低下したことが報告されています。

　アメリカ小児科学会は「健康な乳児は6か月まで、睡眠中はうつぶせ、あるいは側臥位は避けることが望ましい」という勧告を出しています。日本でもうつぶせ寝を避ける指導が行われており、近年、SIDSの発生頻度は減少しています。うつぶせ寝によって窒息が発生するという確証はありませんが、現時点では「生後11か月まではうつぶせ寝を避けることが望ましい」です。

● 窒息予防のための法的な規制[44]

　アメリカでは、1994年にChild Safety Protection Actという法律が通過し、1995年より、3歳以下の小児に対しては、径が1.75インチ（4.45cm）以下の物の販売が禁止されました。1990年以降、風船による窒息で死亡した症例は42例あり、8歳以下の小児には風船を避けるように指導されています。

　アメリカでは、階段の柵の間隔として15cm間隔が認められていましたが、この間隔では10歳未満の子どもの95％がはまりこんでしまうため、10cm間隔を義務化することが望ましいとされ、日本では11cmとなっています。　　　　　◆

---

[43]　※37と同
[44]　※38と同

ポイント● 保育現場の対策

○知っておくべきこと
- 4歳までは食物による窒息が多い
- 3歳児の最大開口口径は39㎜
- 子どもの手が届く高さと距離（89頁、**図表5-4参照**）
- 窒息する危険性が高い食物（130頁参照）
- 乳幼児に対し、上の子どもが危険な食べ物を与えることがある
- 下の子どもが、上の子どもと同じものを食べたがる
- 嚥下障害をもつ障害児では、食べ物による窒息が起こりやすい
- 窒息したときの対処法

○ルールをつくる
- 大人が顔を床面に近づけて部屋の中すべてを見回し、口径が39㎜以下のものは、手の届かないところにしまう
- 首つり（絞扼・窒息）の予防
  園庭で遊ぶときは、かばん、水筒、ゲーム機、自転車用ヘルメット、携帯電話などループになったひも状のものは身につけない
  フードつきの上着、首周りにひものついた服を着ない
  大人用のベッドに乳幼児を寝かせない
- 食べ物による窒息や気道異物の予防
  仰臥位、歩きながら、遊びながら物を食べさせない
  食べ物を口に入れたままの会話、テレビや漫画を見ながらの食事はさせない
  乳幼児向けの食べ物は、適切な大きさに切り、よく噛んで食べさせる
  急停車する可能性がある自動車や、揺れる飛行機の中で乾燥した豆類は食べさせない
  小さな食物塊やおもちゃなどを放り上げて口で受けるような食べ方や遊びをさせない
  年中、年長児には、早食い競争の危険性を教え、禁止する
  食事中に乳幼児がびっくりするようなことは避ける
  乳幼児に、食べることを強要しない
  乳幼児の食事中はいつもそばにいて観察する
  3歳になるまでは、ピーナッツなどの乾燥した豆類、ピーナッツを含んだせんべいやチョコレートは食べさせない
  一口サイズの食物で、ある程度の固さがあるものは4分割にして食べさせる（ミニトマト、巨峰、みたらし団子、白玉団子、こんにゃく入りゼリー、ホットドッグなど）

○安全な製品や環境の整備
- 危険性が高い食物の使用状況の確認

- 遊具に首挟み（エントラップメント）部分がないかをチェック
- ひものループはすぐに外れやすい仕掛けにする（ブラインドのコード、カーテンのタッセルなど）
- ひものないブラインドを使用する
- ベッドガードは、1歳6か月未満児には使用しない
- ベッドとマットレスの間の余分なスペースは埋めておく
- 階段やベランダの柵の間隔は10cm以下とする
- 通気孔が開いたビニール袋を使用する
- ドラム式洗濯機は、子どもが入れないようにしておく
- メディアの広告で、小さな食物塊やおもちゃなどを放り上げて口で受けるような食べ方や遊びの映像の視聴を禁止する
- メディアの早食い競争の番組の視聴を禁止する

8 熱中症

> **事例**
>
> 2007年7月27日、北九州市小倉北区の無認可保育園で、園外保育から戻った園児らが車を降りる際、同乗した職員らが人数確認を怠り、近くの駐車場で車内に3時間以上放置された2歳男児が熱中症で死亡した。当時の車内温度は50℃近くになっていた可能性が高い。車が保育園に到着して以降のおやつ提供やおむつ交換の際にも、職員は男児がいるかを確認していなかった。
>
> 保育の場では、自動車の中に乳幼児を放置して熱中症となることが多い。

熱中症とは

　人の体温は、外界の温度が変化しても一定の値に保たれるように調節されています。この調節を行っているのは、脳の視床下部にある体温中枢というところです。

　小児は、体温調節機能・発汗能・腎の濃縮能が成熟しておらず、また体重あたりの水分の占める比率が高いことなどにより、暑熱ストレスと脱水に弱い構造になっています。この調節機能が働かなくなると、身体の中で生じた熱を体外に放散することができず、体温が異常に上昇します。このような異常な体温の上昇と脱水の合併した状態を熱中症といいます。熱中症の「中」は「中る」という意味で、毒に中る、すなわち「中毒」と同じ使われ方の言葉です。

　熱中症というと、気温が注目されがちですが、湿度の影響が大きいのです。体温を下げるのに最も効果的なのは汗をかくことです。汗が蒸発するときに身体の

新分類	症状	重症度	治療	従来の分類	
Ⅰ度 （応急措置と見守り）	めまい、 大量の発汗、 失神、筋肉痛、 筋肉の硬直（こむら返り） 意識障害を認めない		通常は入院を必要としない →安静、経口的に水分と Na の補給	熱失神 熱けいれん	Ⅰ度の症状が徐々に改善している場合のみ、現場の応急処置と見守りでOK
Ⅱ度 （医療機関へ）	頭痛、嘔吐、 倦怠感、虚脱感、 集中力や判断力の低下		入院治療が必要 →体温管理、安静、十分な 水分とNaの補給（経口摂 取が困難な時には点滴）	熱疲労	Ⅱ度の症状が出現したり、Ⅰ度に改善がみられない場合、すぐ病院へ搬送する
Ⅲ度 （入院加療）	下記の3症状のうちいずれか1つ ①中枢神経症状 　意識障害、小脳症状、 　けいれん発作 ②肝・腎機能障害 ③血液凝固異常		集中治療が必要 →体温管理 　体表冷却、体内冷却 　呼吸、循環管理 　播種性血管内凝固症候群 　の治療	熱中症	Ⅲ度か否かは救急隊員や、病院到着後の診察・検査により診断される

図表5-21　熱中症の分類

引用元：日本救急医学会『熱中症診療ガイドライン2015』7頁、2015.

熱を奪っていき、体温が下がります。このとき、湿度が高いと汗が蒸発しにくいので、体温を十分に下げることができなくなってしまいます。熱中症のリスクの70％は湿度の影響で、20％が輻射熱（地面や建物から受ける熱）、残りの10％が気温と考えられています。

　熱中症は一般的に、熱けいれん（筋肉のこむら返りを伴う軽症型）、熱疲労（中等症型）、熱射病（重症型）の3つに分類されていましたが、最近ではⅠ度、Ⅱ度、Ⅲ度の3段階に分け、障害を受ける臓器を明確にした分類が用いられるようになりました（**図表5-21**）。

　Ⅰ度では、めまいや筋肉痛があり、初期には熱が上がらないこともあります。Ⅱ度では嘔吐やぼうっとした症状がみられます。これは、大量の発汗による脱水、電解質の喪失により、末梢循環不全を起こした状態です。Ⅲ度は、体温調節障害をきたした状態で、高度の全身臓器の障害を伴い、意識障害、けいれん、発熱、発汗の停止、電解質異常、血圧の低下などがみられます。

● 自動車内の温度

　JAF（一般社団法人日本自動車連盟）が炎天下に4時間駐車した際の車内温度を計測した結果、エアコンを切った車内温度は最高で57℃、ダッシュボードの表面温度は79℃に達しました（開始時の気温35℃、車内温度25℃）。

　また、買い物などで車内に子どもを残した状況を想定し、熱中症の危険度を測定したテストでは、エアコン停止後、わずか15分で熱中症指数（WBGT）が危険レベルになることがわかりました（**図表5-22**）。

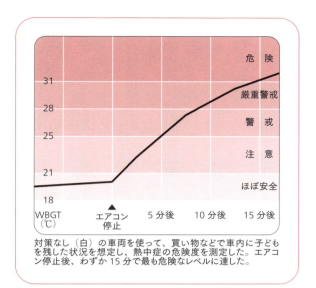

図表5-22　熱中症指数（WBGT）の推移
出典：一般社団法人日本自動車連盟『JAF Mate』2013年7月号、39頁

　子どもが寝ているからとか、エンジンをかけて冷房が効いているからと、買い物などの際、車内に子どもを残してしまいがちですが、燃料切れなどでエンジンが停止したり、子どもの誤操作で車が動き出す危険性もあります。たとえ短時間でも、子どもを車内に残しておくことは大変危険なのです。

● 熱中症の実態

　総務省消防庁からの発表によると、2012年以降、毎年5万人前後が熱中症のために救急搬送され、150人前後が死亡しています。2018年5月〜9月には猛暑のため9万5000人が救急搬送されました。

　日本スポーツ振興センターの23年間（平成2年度〜24年度）のデータをみると、学校管理下の熱中症による死亡は80件で、中学校と高等学校で95％が占められ、体育活動中に起こったものが93％を占めていました。幼稚園での死亡はゼロ、保育所で1名でした。これは、保育所の室内の木製の棚の中で遊んでいた事例です。

　熱中症のために医療費を支給した事例（平成24年度）は4971件、そのうち中学校が2291件（46％）、高等学校が2204件（44％）、小学校が436件（9％）、保育所が8件（0.2％）、幼稚園が16件（0.3％）でした。熱中症の発生状況を見ると（平成27年度、28年度）、7月と8月が多いのですが、5月や6月でも発生しています（**図表5-23**）。災害共済給付金が支払われなかった事例もあるので、これらの数値以上が発生していることになります。保育の場でも熱中症は発生すると考えてください。

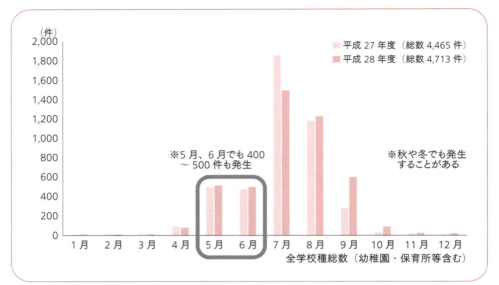

図表5-23　熱中症発生件数（平成27、28年度）
出典：日本スポーツ振興センター資料を元に作成

● 乳幼児の熱中症

　保育現場での熱中症として、郊外に車で出かけ、子どもが車に残っていることに気づかないまま、みなで昼食をとり、車に戻ってみたら子どもが熱中症で死亡していたという事例がありました。

　以前、ロサンゼルスのショッピング街の駐車場で、乗用車の中に乳児を一人で置いて買い物に出かけた若い日本人夫婦が逮捕された事件がありました。アメリカでは、保護が必要な乳児を放置すると、親の責任を放棄したとして逮捕されるのです。乳幼児は、比較的短時間の暑い環境下で熱中症になる可能性が高く、放置することは大変危険です（**図表5-22**）。最近では、新聞でも「乳幼児を一人で放置しておくことは虐待」という記事がみられるようになりました。商業施設の駐車場に「子どもを車内に放置しないで」という看板を立てるより、「子どもを一人で放置すること」の罰則をつくるほうが有効ではないでしょうか。

● スポーツによる熱中症の予防

　日本体育協会（現・日本スポーツ協会）では「スポーツ活動中の熱中症予防5か条」を示しています。スポーツも「精神力でがんばる」のではなく、科学的に安全を確保しながら行うことが必要です。

1. 暑いとき、無理な運動は事故のもと
2. 急な暑さに要注意
3. 失われる水と塩分を取り戻そう
4. 薄着スタイルルックでさわやかに
5. 体調不良は事故のもと

対処法

　熱中症への対応を**図表5-24**（日本スポーツ振興センター学校安全部）に示しました。Ⅰ度では、涼しいところで休ませて、スポーツ飲料などの経口投与、あるいは輸液で軽快する場合が多いのですが、Ⅱ度やⅢ度の場合は、身体を急速に冷却しながら、至急医療機関に搬送する必要があります。

　熱中症では、日本スポーツ協会などから気温と運動の中止の目安に関する資料が出されています。また、熱中症のリスクの判断を助けてくれる熱中症計が市販されています。これらの機器による客観的な指標に基づいて、運動の中止の判断を行う必要があります。その場合の目安については、WBGT値と呼ばれる暑さ指

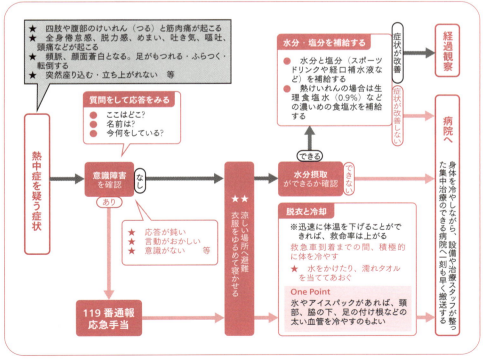

図表5-24　熱中症の対応フロー
出典：日本スポーツ振興センター「スポーツ事故防止ハンドブック」4頁、2014. を元に作成

数が参考となります。WBGTが28℃（厳重警戒）を超えたら、指導者が強い意志をもって激しい運動を抑制する必要があります。

体温測定は、原則として深部体温（直腸温など）で判定すべきで、腋窩での測定では高体温を見逃す危険性があります。特に、搬送段階で腋窩などを氷冷されていたケースでは注意が必要です。また、発汗があるか、ないかによって重症度を判定することはできません。

意識障害がある場合は死亡の危険性があります。意識障害を生じる直前には、突然唸り声をあげて走り出すなどの幻覚・妄想を伴うせんもう状態や、ランニング中のふらつきなどの小脳症状を起こすことが知られています。これらの症状は、学校スポーツの現場などで早期発見に役立つ症状なので、子どもたちの状態をよく観察することが必要です。

● 熱中症の治療[45]

Ⅰ度の熱けいれんによる失神、こむら返りなどの症状の場合は、水分の経口摂取で軽快することが多く、その場合は真水よりもスポーツドリンクのように塩分と糖分を含んだものがよいとされています。

Ⅱ度では、中等度以上の脱水と電解質の喪失があるため、すぐに輸液と暑熱環境の回避、経過観察を必要とします。このレベルで適切に対応し治療すれば回復は容易ですが、対応が遅れたり、誤った治療を行うと重症化してⅢ度に移行、あるいは死亡することがあります。

Ⅲ度では、高熱そのものによる臓器障害と、脱水に伴う循環障害があり、循環障害によって発汗ができなくなって高熱を悪化させて臓器障害をさらに悪化させるという悪循環が発生します。死亡の危険性が大きいため、厳重な全身管理と治療が必要です。◆

---

[45] 日本救急医学会編『熱中症——日本を襲う熱波の恐怖』43〜46頁、へるす出版、2011.

ポイント●保育現場の対策

○知っておくべきこと

- 環境省の熱中症予防情報サイト（http://www.wbgt.env.go.jp/）
- 熱中症の症状（Ⅰ度、Ⅱ度、Ⅲ度）
- 熱中症の対応フロー

○ルールをつくる

- 外出して帰園までのルートの確認
- 外出時は、帽子をかぶり、できるだけ薄着にする
- 直射日光の下で、長時間にわたる運動や作業は避ける
- 定期的に水分摂取（できればスポーツドリンク）
- 暑さ指数が28℃を超えたら外出は中止
- 園バスや自動車で出かけ、車から降りるときは、車中に子どもが残っていないか必ず確認する

○安全な製品や環境の整備

- 携帯型熱中症計の使用
- 涼しい部屋の確保
- 冷房機の設置

9 応急処置と心肺蘇生法

傷害が発生したとき

● けが（切り傷・すり傷）の応急処置

転んですりむいた程度の傷は、付着した土や砂を流水でよく洗い流し、局所を湿潤な状態に保つテープで覆います。化膿してきたら、医療機関を受診してください。

切り傷の場合は、傷口にガーゼ、あるいは手元にあるハンカチを当てて数分間、血が止まるまで強く圧迫します。出血が止まったら傷口をよく洗い、テープで覆います。血が止まらない、傷口が大きい、または深いなどの時は、傷口を強く圧迫しながら至急、医療機関を受診します。傷口からの出血が止まらない場合は、傷口より心臓に近い動脈を強く圧迫します。

● 打撲の応急処置

転倒や転落で主にぶつけるのは頭です。意識があり、コブまたは少量の出血ならば患部を冷やす、あるいは直接圧迫して止血します。意識がない、けいれんしている、出血がひどい、何回も吐く、鼻や耳から血や水が出る、顔色が悪いなどの時は119番に電話をします。問題がないように見えた場合でも、頭部を強打した時は48時間様子を見ます。

転んだ後、いつまでも局所を痛がる、打った部分を動かさない、動かすとすごく痛がる場合は、骨折の可能性があります。打った場所をなるべく動かさないようにして、冷やしながら医療機関を受診します。

やけどの応急処置

　やけどの応急処置はすぐに冷やすことです。やけどした部分の熱を十分奪うために、水道水などの流水で15分くらい冷やします。流水がない、あるいはかけにくい場合は、バケツに氷水を入れ、その中に手や足をつけてもいいでしょう。顔や頭は水をかけにくいので、氷水に浸したガーゼやタオルで冷やします。衣服の上からやけどした場合は無理に脱がせず、服の上からシャワーで冷やします。やけどの範囲が広い、または水ぶくれができていれば、医療機関を受診してください。

鼻内、耳道異物

　幼児は、無意識に手にした小物を前鼻孔や外耳道より挿入し、忘れてしまうことがあります。症状として、片側の化膿性鼻汁、悪臭、鼻閉、鼻出血、耳漏などがみられます。耳道の異物として虫などが入ると、動くために痛がります。医療機関を受診してください。

食道異物

　5歳以下に多く、詰まったものとしては硬貨が全体の3分の2を占め、続いて針・ピン、金属片、玩具、魚骨片などがあります。異物を誤飲したという訴えで気づくことが多いですが、通過障害、嚥下痛を訴えることもあります。吐かせてもいいのですが、一般的には効果的ではありません。

気道支異物

　0〜2歳児によくみられ、最も多いものはピーナッツです。気道に何かが詰まっている場合は、すぐに異物を取り除く必要があります。症状としては、①せき込む、むせる、②顔が真っ青になる、③声が出せないなどです。

　異物を吸引した直後は激しくせき込みますが、異物が気管下部に達するとせきはおさまります。突然始まったせき、長期にわたるせき、治りにくい肺炎などでは、気道異物の可能性を疑うことが大切です。気道異物が疑われるときは、すぐに医療機関を受診する必要があります。

刺傷・咬傷

　蜂に刺されると、局所の痛み、発赤、腫脹で終わる場合もありますが、全身の蕁麻疹、喉頭の浮腫、さらに呼吸困難、意識障害、アナフィラキシーショックと

なることもあります。毒グモに咬まれると、疼痛、発赤腫脹などの局所症状を起こします。ドクガ類は、微小な毒針毛をもち、皮膚に刺さると皮膚炎を起こします。ムカデも同様の局所症状が主です。毒クラゲに触れると、触手の毒液を満たした微小な刺胞から刺糸が皮膚に刺さり、皮膚炎を起こします。

これらの応急処置としては、刺傷部位が四肢ならば、中枢側をしばり、冷水で冷やします。局所症状に対しては冷湿布、抗ヒスタミン薬軟膏、副腎皮質ホルモン外用薬を塗布します。

小児は、イヌ、ネコ、ヒト、ネズミ、ヒツジ、ウシ、ウマなど、身近な動物に咬まれることが多く、これらの動物の口腔内細菌によって二次感染を起こします。咬まれた部位は滅菌水でよく洗浄し、医療機関を受診します。

心肺蘇生法

● 誰にでも起こり得る心肺停止

溺れたり、のどにものが詰まった時は、人工呼吸や胸骨マッサージが必要となります。5分以上心肺停止した状態が続くと、蘇生することは難しくなります。心肺停止はどこででも発生する可能性があり、「発見した人がすぐに、1秒でも早く心肺蘇生を開始する」ことが大原則です。

中には、間違った心肺蘇生をしたために状態が悪くなったらどうしようと心配する人もいますが、緊急事態の時に行った心肺蘇生術で不幸な結果となっても、法的に問われることはありません。ともかく、人工呼吸と胸骨マッサージを行うことが必須です。心肺蘇生法は、医療関係者だけが行う技術ではなく、人々が暮らしていく上で、誰もが必ず知っていなければならない基本的な技術です。

このような考え方を広めるため、日本では1994年4月から、高等学校の学習指導要領の中に救急蘇生の教育が取り入れられ、同年5月からは新たに二輪車、自動車運転免許を取得する人に応急救護処置が義務づけられました。これらは、マネキン人形を使って胸骨マッサージと人工呼吸の実技を行うものです。

家庭医学の本や育児書には、心肺蘇生のやり方が詳しく書いてありますが、本を読んだだけでは十分ではありません。マネキン人形を使って実際にやってみることが大切です。心肺蘇生法は、国民がもつべき基本的な技術と認識し、まだやったことがない人は、ぜひ消防署や保健センターで開催している実技講習会を受けてください。最近では、インターネットで情報を簡単に得ることができるようになりました。「心肺蘇生法」「救急処置法」で検索すると、たくさん情報が出てきます。中には、Web上での講習も行われています。

● 心肺蘇生法の流れ

　従来の心肺蘇生法は、「気道の確保」→「人工呼吸」→「胸骨圧迫」→「AED（自動体外式除細動器）」という流れで行われていました。しかし最近の研究で、人工呼吸を行った場合と行わなかった場合を比較すると、どちらでも救命率に差がないことがわかってきました。また、救助者の中には、口対口の人工呼吸を行うことをためらう人たちも少なくありません。そのため人工呼吸は、一般の心肺蘇生法では必須ではなくなりました。

　すなわち、①心肺蘇生法を知らない人は、人工呼吸を省略して胸骨圧迫のみでよい、②心肺蘇生法を知っている人は胸骨圧迫のみでも、従来どおりの人工呼吸

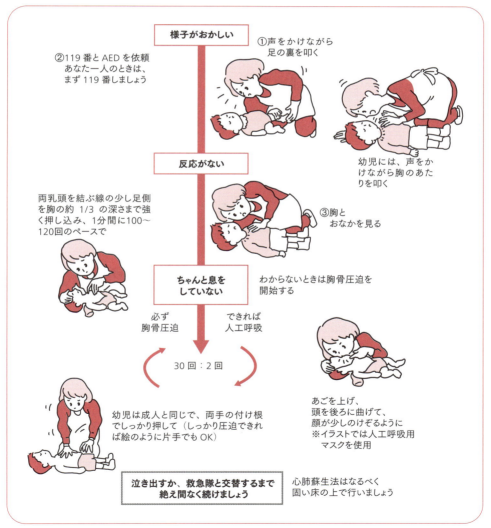

図表5-25　心肺蘇生法
出典：日本小児救急医学会心肺蘇生委員会の資料を一部改変

と胸骨圧迫を組み合わせた方法でもよい、③心肺蘇生法の講習を受けたが自信がない場合は胸骨圧迫のみでよいとされています。ただし、心肺停止している小児や、溺水、外傷、窒息、呼吸器疾患、中毒などで無呼吸状態の人に対しては、人工呼吸と胸骨圧迫を組み合わせた方法を行うことが勧められています。

　最近はAED（自動体外式除細動器）の普及が進んでいますが、置いてある場所までのアクセスが悪かったり、正しく使用できなかったりする場合があります。また、心臓に異常が起こると、低酸素時の呼吸反応として「死戦期呼吸」と呼ばれる喘ぎ呼吸が起こります。これは、医学的には胸・腹の上下運動を伴わない無呼吸状態ですが、「呼吸している」と見間違えられることがあります。死戦期呼吸の場合があることを理解し、すぐにAEDを装着できるようにしておきます。

　突然死は、心臓系疾患などの基礎疾患がある場合がほとんどで、健康上の異常が発見された子どもについては、主治医および園の嘱託医と連携し、適切な管理が必要となります。

　救急車の呼び方（148頁参照）、保育所等がある地域の救急医療体制を調べておいて、提携先の医療機関の電話番号をすぐにわかる場所に貼っておくことも大切です。

窒 息 の 対 処 法

　窒息状態であっても、意識があって気道が確保されている場合は、無理に取り出そうとせず、ただちに医療機関を受診します。気道の閉塞により、無呼吸、あるいは意識消失がある場合は、ただちに図のような処置を開始します（**図表5-26**）。

　乳児の場合は腹臥位とし、大人の前腕に乳児を乗せて頭部を下げ、もう一方の手で肩甲骨の間の背面を強く4、5回叩打します（背部叩打法）。あるいは仰臥位とし、胸骨の上から胸部を突き上げるように圧迫します。肝臓の損傷をきたす可能性があるので、乳児では腹部の圧迫は行いません。

　幼児以上では、上記の手技、あるいは患者の上腹部に握りこぶしを置いて、腹部を上方に押しながら突き上げるハイムリッヒ操作（腹部突き上げ法）を繰り返します。これらによって呼吸が回復しない場合は、心肺蘇生術を行います。　　　◆

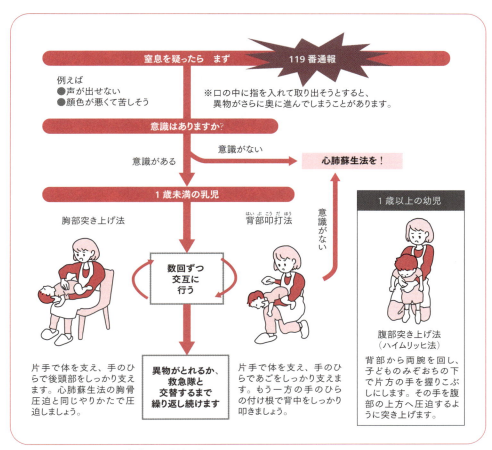

図表5-26　異物による窒息への対処法
出典：日本小児救急医学会心肺蘇生委員会の資料を一部改変

コラム

119番のかけ方

❶局番なしの119へ電話します。

❷「火事ですか、救急ですか」と聞かれます。はっきりと「救急」と告げます。

❸いつ、どこで、誰（○歳）が、どうしたか、どんな状態なのかをはっきりと簡潔に伝えます。

❹園の名前、住所、電話番号を正確に知らせます。近所の目標物も伝えます。

❺救急車が来るまでの手当の方法を尋ねます。

❻保護者に連絡し、手短に状況を伝えます。

❼サイレンが聞こえたら誘導に出ます。夜なら懐中電灯で救急車を誘導します。

❽救急車が着いたら、救急隊員に状況を詳しく伝えます。
- どんな容体か（通報後の変化も）
- 傷病者に施した手当
- 持病があれば病名、かかりつけの医院および医師の名前

❾前後の事情のわかった人が救急車に同乗します。
- 財布、簡単な着替えなどを用意
- 血を吐いたり、嘔吐物があれば一部でもビニール袋に入れて持参する

※携帯電話からの通報の場合は、
- 最初に携帯電話であることを告げる
- 途中で電話が切れてしまわないように、立ち止まって話す
- 現場の地名や番地がわからない場合は、近くの人に聞くか、建物や看板などで確かめて通報する
- 通話終了後、消防署からの問い合わせの電話があることもあるので、10分程度は電源を切らないなどの注意が必要

> **コラム**

乳幼児突然死症候群（Sudden Infant Death Syndrome：SIDS）

　今まで元気だった乳児が、主に睡眠中に何の前ぶれもなく突然呼吸が止まって死亡してしまう病気です。原因ははっきりしていませんが、呼吸中枢をコントロールしている脳のある部分に何らかの異常があって起こると考えられています。生後4〜6か月の間に80％が発生しています。出生1万人に対して2、3人に発症し、乳児の死因の第3位になっています。保育管理下でも発生しています。入園直後に発生することが多いといわれています。

　調査の結果、「うつぶせ寝」「家族の喫煙」「人工乳」「着せすぎ」が、SIDSの危険因子であることがわかりました。これらの因子を排除するキャンペーンを行った結果、20年間に発生率はほぼ4分の1まで減少しましたが、現在のところ、完全に防ぐことはできていません。保育者は、乳児をうつぶせで寝かせず、乳児が寝ている時は呼吸の状態を定期的に観察することが重要です。ぐったりしていたり呼吸をしていないことに気づいたら、すぐに救急車を呼び、救急隊が来るまで胸骨マッサージを続けます。

第5章

頻発事故への予防の提案と実践

応急処置と心肺蘇生法　149

野外保育における事故

野外保育特有のリスク

　野外で実施される園外保育（野外保育）は、子どもたちが四季折々、多様な自然に触れることができ、成長・発達の機会にあふれているだけでなく、感動や満足、達成感を味わうことなどから、自己肯定感が高まることも大いに期待できます。園外保育にはそうした、日常では得難い重要な意義が認められることから、各園で大小さまざまな行事が企画・実施されていることと思います。

　その一方で、一般的な保育士養成課程や幼稚園教諭免許取得のカリキュラムの中で、河川や海、山などで実施することを想定した野外活動や園外保育について学べる機会は、ほぼ皆無といえます。

　しかし、保育者・指導者が、その養成課程において"習っていないから"あるいは"専門外だから"という理由で、危険予知や危険回避などの安全配慮義務を逃れることができないことは、司法の場でも明らかにされています[※46]。

　園外保育は、都市公園のように行政による管理がある程度なされている場所から、野山のようにほとんど整備されていない場所までさまざまで、天候の影響を大きく受ける場所も存在しています。このような場所は、園庭や園舎などの園内保育とは大きく異なり、3つのEの中でも環境の整備による傷害予防に限界があります。そうした不確定要素の多い環境であることを理解した上で、事前準備やルール・マニュアルの作成と啓発を行うことが求められます。

　そこで本節では、園外保育の中でも特に、野外活動における重大事故を予防するために、どのような事前準備や情報収集を行うことが望ましいかを、チェックリストにまとめてみました。できれば園外保育を担当するすべての職員・スタッ

※46　2012年7月20日に実施された、幼稚園での園外お泊り保育において、園児らを川で遊ばせていたところ、増水が生じ、園児らの一部が流され、園児1名が死亡し、1名が傷害を負った事故の判決（松山地方裁判所、平成28年5月）。

フが、各チェック項目の質問に「はい」と答えられるかどうか確認してみること
をお勧めします。

ただし、河川や海、山、都市公園など、さまざまなフィールドで実施される多
様な活動をすべて網羅した、個別具体的な対策を詳述するには残念ながら紙面が
足りないため、本節ではさまざまな活動に共通して行えるものだけを、5つのス
テップで紹介することにとどまっています（**図表5-27**）。これらを参考に、各園に
おいて計画中の園外保育と照らし合わせて、重大事故予防への取り組みを見直
し、さらに充実させる一助となることを期待します。

1　ねらいや目的、活動内容の確認
2　情報収集
3　下見・トライアル・健康チェック
4　安全基準・ルールづくり
5　共有・マニュアル化・研修

図表5-27　園外保育の事前準備、5つのステップ

● ねらいや目的、活動内容の確認

園外保育のねらいや目的が明文化され、共有されていますか?

野外で活動する場合、気象条件の変化等の理由で活動を中止または延期するか
どうかの判断をしなければならないことがあります。そのような場面をはじめ、
現場の安全管理で職員間の意見が異なった時などにも、「この活動は何のために
やっているのか?」といった、活動のねらいや目的に立ち返って検討すること
は、野外という不確定要素の多い環境においても、速やかな意見調整や、柔軟性
をもった安全かつ教育効果の高い活動につなげていく上で重要な柱となります。

**子どもの生命・身体を守ることが、ねらいや目的、活動内容に優先されることを、
すべての職員・スタッフの共通認識としていますか?**

「子どもにとってよかれ」と思ってやっている（やらせている）ことが、子ども
の生命や身体を脅かす方向に作用していないかどうか、保育者・指導者自身が常
に自分を客観的にモニターする習慣をもちましょう。特に、疲労や焦りなど、心
身のコンディションによって、自分の声かけやかかわりに変化がないかに意識を
向けてみましょう。さらに、保護者や上司、同僚の期待に応えるために、無理や

第5章 頻発事故への予防の提案と実践

野外保育における事故　151

危険を冒している場面はありませんか？　できれば、保育者が相互にそれらを指摘し、フォローしあえる風通しのよいコミュニケーションの土台をあらかじめつくっておくことが理想的です。

活動内容が、ねらいや目的と合致していますか?

　その活動を行う理由を尋ねられた時、「去年もやったから」という回答しか思い浮かばなかった場合、活動を実施することそのものが目的となってはいないでしょうか？　もしそうだとすると、安全に実施できる環境が整わない状況下でも、中止や撤退の判断が遅れ、重大事故につながる大きな要因になるおそれがあります。大切なのは、計画した"活動を実施すること"ではなく、活動を通じて"ねらいや目的が達成されること"ではないでしょうか。そう考えれば、活動内容は計画したものだけにこだわる必要はなく、現場で安全に配慮しながら、状況の変化に応じて柔軟にアレンジ、あるいは差し替えることに対しても、躊躇することなく対応できるはずです。

　また、野外での活動を企画する時には、好天時に最大の教育効果が得られる「Aプラン」だけでなく、悪天候時に備えて、Aプランほどの教育効果に届かなくても屋内などで安全に活動できる「Bプラン」についてもあらかじめ検討しておくことが、現場での迅速・適切な危険回避を行う上で大変重要となります。計画段階でBプランをもつことは、悪天候以外にも何らかの理由でプラン変更を余儀なくされた場合に、下見を実施していない場所での活動を避け、思わぬ事故を未然に防ぐことにもつながります。

● 情報収集

活動内容に関する安全管理や事故予防策、運営方法、事故事例等をインターネットや書籍などを通じて調査しましたか?

　例年実施している活動について、昨年度までの実績と、その時に確認した注意事項だけで今年も実施しようとしていませんか？　保育者・教育者に社会から期待される安全管理のレベルは、時代によって変化しています。さらに、保育者や指導者個人の野外活動の経験に基づく知識やスキルは、野外へ子どもたちを「引率する立場」として必要な知識・スキルと必ずしも合致しない部分があることにも注意が必要です。保育者・指導者には、自らの経験値だけに頼ることなく、これから実施する活動に関する最新情報をあらゆる媒体から積極的に収集し、安全管理に活用する態度が求められます。

　現在は、野外活動の引率者向けの情報についても、インターネットなどを通じ

て容易に入手できる環境が整っていることから、それらを"知らない"ことが重大事故発生の一因となった場合、保育者・教育者の過失が認定されることもあります[47]。

　一方、このように一通り調査した結果、自分たちには管理あるいは回避しきれない危険があると判断した場合には、活動内容を変更したり、その活動に関してより高い専門性をもつ人たちに、アドバイザーやスタッフとして引率チームに加わってもらうことを検討することもお勧めします。

● 下見・トライアル・健康チェック

活動場所の下見を通じて、次のような箇所における危険源を確認しましたか?

活動フィールド

□フィールド特有のリスク（河川・海・山・都市公園など）

□天候急変時の避難場所

□危険生物・植物の存在

□転倒しそうな物体の存在（とうろう・墓石など）

□注意書きの看板

□トイレ、水道、その他

利用施設

□施設内の活動場所

□非常口、トイレ

□救護室

□居室、風呂場

□その他、立ち入りが想定される場所

移動経路

□宿舎から活動場所の経路

□利用交通機関

□集合、点呼の場所

□天候急変時の避難経路

□迷いそうな箇所

□その他

　子どもが立ち入る可能性のある場所はすべて、複数のスタッフで踏査（とうさ）することをお勧めします。それだけにとどまらず、そのフィールドに詳しい人、例えば利用施設の職員、管轄する自治体の観光課の職員、地元の人などからも、危険箇所について情報収集しましょう。

　例年、夏になると各地で重大事故が発生している水辺の活動では、子どもが流されたり溺れたりすることが想定されるフィールドや活動内容において、保育者・指導者は、計画段階で事故を予防するための対策、具体的には、ライフジャケットの準備と、活動現場での正しい着用などにより危険を回避する義務を負うことが、判例にも明記されています[48]。

　また、毒性危険生物による日本国内での死亡事故で最も多いのがハチによる被害で、2番目がヘビによる咬傷（こうしょう）です。これらの生き物や巣の目撃情報、あるいは対応策、応急処置についても情報収集し、事前に子どもたちにも写真などを使っ

※47　※46と同
※48　※46と同

野外保育における事故　153

て注意喚起を促し、出会った時の対処方法についても同時に伝えましょう。

　下見ではさらに、各自治体が設置した河川や海辺に建てられている看板に必ず目を通し、写真に撮るなどして事前に引率スタッフ全員に周知しましょう。安全に関する注意書きは、過去にそこで重大事故が発生したことを契機に建てられた可能性が高いといえます。

子どもたちが実施する予定の活動を、事前に保育者・指導者だけでトライアルしてみることにより、次の点を確認しましたか?

装備のリスク	動作のリスク	心のリスク	運営のリスク
□装備の不具合の確認・修理 □不足した装備の確認・手配	□身体的過負荷の確認 □危険な（無理な）動きの確認	□活動のねらいの検証 □心理的過負荷の確認	□指導者の動き・位置の確認 □話し方・伝え方の確認

　危険箇所の確認だけで下見を終わらせてはいませんか？　子どもたちが当日行う活動を、事前に保育者・指導者だけで行ってみる「トライアル」は、それを通してしか気づくことのできない隠れた危険源も洗い出せることが期待できます。同時に、教育効果の検証も行うことができ、活動をより楽しく効果的なものとすることにも役立ちます。

　さらに、トライアルの際は、経験の浅い引率者が指導者役となって活動の進行や運営を行い、ベテラン指導者からのフィードバックを受けることで、活動本番での指導力が高まることにより安全性が向上することも期待できます。

活動への参加可否を判断するため、子どもの健康情報を収集し、確認しましたか?

事前調査	当日の調査
□ふだんの体調・心理状態を把握するアンケートの実施（既往症、アレルギー、常用している薬、平熱、排便等） □保護者からのヒアリング（説明会の実施）	□体調・心理（顔色、表情、直前の病気やけが）の確認 □身だしなみ（服のデザイン・素材・頭髪・眼鏡・つめ等） □持ち物（忘れ物）の確認

　ふだんの体調と当日の様子との違いから、その子どもを活動に参加させても最後まで楽しめるかどうかを、一人ひとりについて確認、検討しましたか？　途中

で参加の継続が困難になることが想定される場合、その状況を引き受けるだけの人的・物的資源が確保できるかどうかを確認・検討しましょう。

● 安全基準・ルールづくり

活動範囲を確定し、安全確認を行いましたか?

活動場所の範囲を確定したら、その内側だけでなく外側も踏査し、危険箇所がないか確認しましょう。子どもは範囲を指定しても、探索行動によってさらに外に行動範囲を広げていく特性があるので、そのことも想定した下見が保育者・指導者には求められます。活動範囲は、事前の安全説明でわかりやすく子どもたちに伝えましょう。

活動中止の判断基準を決めましたか?

気象条件の変化に応じて、どの時点で活動を中止すべきかという基準をあらかじめ検討しておきましょう。その際、テレビやインターネットが発信する各地域の気象情報を参考にすることはもちろん、持ち運びできる気象計を用いて、活動現場で実際に観測した気象データ（気温や湿度、風速、暑さ指数（WBGT）等）を参照することができれば、より迅速で適切な判断と行動につなげることが期待できます。

また、基準値を決めたら、誰が最終的にそれを判断するのか、中止の手続きについても検討しておきましょう。現場ではあらかじめ決めた基準に達していなくても、子どもの様子に異変がある時は、ただちに活動を中止して応急処置を行う必要があることも念頭に置きましょう。

子どもたちのためのルールや事前の安全説明を検討・準備しましたか?

「情報収集」と「下見・トライアル・健康チェック」で洗い出した危険源やリスクの中から、子どもたちにも事前に伝えておくべき安全のための説明や活動範囲などのルールを整理し、必要なタイミングでわかりやすく伝える準備をしましょう。

一方で、未就学児は「注意事項やルールを伝えても、必ずしもそれを理解し実行できるとは限らない」ことが法的に認められている（＝過失相殺はない）ことを前提とした安全管理を行う必要があります。

● 共有・マニュアル化・研修

危険源やリスクを引率スタッフで共有し、対策を検討、マニュアル化しましたか?

特に、子どもたちの生命・身体にかかわる傷病が予想される危険源やリスクについては、その傷病を回避するための対策を最優先で検討し、安全管理マニュアルとして文章化しましょう。

事故発生時を想定した確認・準備・研修等を実施しましたか?

下見での確認
- ☐ 活動フィールドの住所と救急搬送計画
- ☐ 携帯電話の電波状況
- ☐ 最寄りの病院までの交通手段と経路
- ☐ 最寄りの AED の設置場所とその営業日時

事前準備
- ☐ 事故発生時の役割分担と行動のフローチャート
- ☐ 病院・タクシー・本部・保護者等の連絡先リスト
- ☐ 大規模な自然災害発生時の避難計画
- ☐ 引率者の救命救急法研修（理想は小児用）

活動場所が広いフィールドの一角だとしたら、救急搬送に備えてその場所を救急隊に説明できるよう、目印になる建物や看板などを記録しておくとよいでしょう。救急車の到着場所から距離がある場合は、救急隊を事故現場（＝活動現場）まで誘導するための計画も必要となります。

AED設置場所の確認については、夕方5時を過ぎると建物が施錠され、AEDにアクセスできなくなることも想定されます。夜の行事や宿泊型の行事では、AEDが使用できなくなる時間帯が発生するかどうかも確認しましょう。

消防署などで市民向けに行われている2時間程度の救命講習は、市街地で大人が倒れている状況を想定したもので、子どもの保育者・指導者が知っておくべき内容としては十分とはいえません。できれば小児の救命救急法研修を引率スタッフ全員が受講ずみであることが理想的です。

子どもの心停止は、溺れや誤嚥等によって呼吸が止まったり、困難になったりすることに起因するケースが多く、救急隊に引き継ぐまでの救命処置として、呼吸停止によってすでに失われてしまった血液中の酸素を供給するために、胸骨圧迫と並行して人工呼吸も行うことが重要となります。

一方、市民向けの研修では、心臓疾患や脳卒中等で突然倒れた大人の血液中には、まだ救命のための酸素が残っているという前提で、人工呼吸は省略して、胸骨圧迫だけでもよいとする手順が普及しています。しかし、子どもに当てはめた場合、時には救命率を下げてしまうおそれがあります。

ほかにも、赤ちゃんのためのCPR（心肺蘇生法）やAEDの手順など、一般市民向け研修では扱わない内容を小児救命救急法研修で学ぶことができることから、子どもの保育者・指導者が身につけておくべき内容としては後者のほうがふさわしいといえます。

　「園外保育の事前準備、5つのステップ」の解説は以上です。
　最後にチェックリストの一覧をまとめました（**図表5-28**）。園外保育の現場をより楽しく、安全なものに変えていく足がかりとして活用ください。　　　　　◆

1　ねらいや目的、活動内容の確認
□ 園外保育のねらいや目的が明文化され、共有されていますか？
□ 子どもの生命・身体を守ることが、ねらいや目的、活動内容に優先されることを、すべての職員・スタッフが共通認識としていますか？
□ 活動内容が、ねらいや目的と合致していますか？

2　情報収集
□ 活動内容に関する安全管理や事故予防策、運営方法、事故事例等をインターネットや書籍などを通じて調査しましたか？

3　下見・トライアル・健康チェック
□ 活動場所の下見を通じて、次のような箇所における危険源を確認しましたか？

活動フィールド	利用施設	移動経路
□フィールド特有のリスク（河川・海・山・都市公園など）	□施設内の活動場所	□宿舎から活動場所の経路
□天候急変時の避難場所	□非常口、トイレ	□利用交通機関
□危険生物・植物の存在	□救護室	□集合、点呼の場所
□転倒しそうな物体の存在（とうろう・墓石など）	□居室、風呂場	□天候急変時の避難経路
□注意書きの看板	□その他、立ち入りが想定される場所	□迷いそうな箇所
□トイレ、水道、その他		□その他

□ 子どもたちが実施する予定の活動を、事前に保育者・指導者だけでトライアルしてみることにより、次の点を確認しましたか？

装備のリスク	動作のリスク	心のリスク	運営のリスク
□装備の不具合の確認・修理	□身体的過負荷の確認	□活動のねらいの検証	□指導者の動き・位置の確認
□不足した装備の確認・手配	□危険な（無理な）動きの確認	□心理的過負荷の確認	□話し方・伝え方の確認

野外保育における事故　157

☐ 活動への参加可否を判断するため、子どもの健康情報を収集し、確認しましたか?

事前調査

☐ふだんの体調・心理状態を把握するアンケートの実施（既往症、アレルギー、常用している薬、平熱、排便等）

☐保護者からのヒアリング（説明会の実施）

当日の調査

☐体調・心理（顔色、表情、直前の病気やけが）の確認

☐身だしなみ（服のデザイン・素材・頭髪・眼鏡・つめ等）

☐持ち物（忘れ物）の確認

4　安全基準・ルールづくり

☐ 活動範囲を確定し、安全確認を行いましたか?

☐ 活動中止の判断基準を決めましたか?

☐ 子どもたちのためのルールや事前の安全説明を検討・準備しましたか?

5　共有・マニュアル化・研修

☐ 2と3で洗い出した危険源やリスクを引率スタッフで共有し、対策を検討、マニュアル化しましたか?

☐ 事故発生時を想定した確認・準備・研修等を実施しましたか?

下見での確認

☐活動フィールドの住所と救急搬送計画

☐携帯電話の電波状況

☐最寄りの病院までの交通手段と経路

☐最寄りの AED の設置場所とその営業日時

事前準備

☐事故発生時の役割分担と行動のフローチャート

☐病院・タクシー・本部・保護者等の連絡先リスト

☐大規模な自然災害発生時の避難計画

☐引率者の救命救急法研修（理想は小児用）

表5-28　園外保育の事前準備、5つのステップ【チェックリスト】

第 **6** 章

保育の安全に
かかわる法律

本章では、子どもの安全について、
法律はどのように定めているかを理解し、
日々の保育で気をつけるべき事柄を考えます。

「法」とは？

法の種類

　ひとくちに「法」といっても、さまざまなレベルの法があります。国家間の取り決めである国際条約、国の根本原則を定める憲法、国会が定める法律、地方議会が定める条例、行政機関が定める政令・省令・規則など、裁判所が具体的事件に対する権利義務の存否に関する判断として示す裁判例などが主なところです。

　これらは策定する主体も異なれば、その法の対象となる主体の種類や対象となる場面によって、従わなければならない拘束力が及ぶ範囲も異なります。国際条約の場合には、二国間の条約もあれば、国際連合や地域連合など多国間で採択された条約もあります。多国間で採択された条約は、その連合体のメンバー国であっても「批准」した国においてのみ、国内法としての効力が生じます。

憲法

　憲法は、国の根幹となる統治のルールを定めたもので、国や地方自治体の立法・行政・司法のあり方を縛るためのものです。したがって、個別の法律や条例よりも上位にあります。憲法の規定に違反する法律や条例そのほかのルールは、裁判所の判断によっては憲法違反で無効ということにもなります。もちろん、裁判所で違憲判決が出るようなことにならないように、立法機関や行政機関は憲法に則ったルールを定めるようにしています。

法律・条例

　国会で定める法律や地方議会で定める条例は、主に行政を縛るもの（行政機関は民主的な選挙を経た立法機関の定める法律に従って行政を行うという原則があります）と、私人である法人や個人を縛るもの（国民の生命身体財産を守るために規制をかけるもの

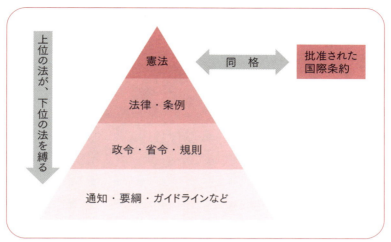

図表6-1　法の種類と位置づけ

や、円滑な経済活動を促進するためにルールを明確化するものなど）など、多岐にわたります。

政令・省令・規則、通知等

　細かい運用ルールを議会で定める法律や条例で定めるのは、変化に対応する際の柔軟性・迅速性を欠くので、法律や条例に、細部は行政に委任することを定めて、行政が政令・省令・規則で定めることが多いのが実情です。その意味で、行政が定める上記のルールも、法の一部をなすと考えられています。そして、政令・省令・規則のさらに下位に、行政が通知・要綱・ガイドラインなどを策定していますが、これらは直接的に従わなければならない義務があるわけではありません。しかし、法の解釈・適用において参照されるため、実質的には拘束力があるといえるでしょう。　◆

保育・教育施設に適用される法

基本原則

　人は、生まれながらに一人ひとり基本的人権を有しています。これは生まれたばかりの赤ん坊であっても同じです。一定の年齢や能力が備わったから基本的人権を取得するのではなく、生まれながらに、一人ひとりが基本的人権を有しているのです。その基本的人権の根幹として、生きる権利、生命に対する固有の権利があります。

　このような基本的人権の尊重を根本的・普遍的価値と位置づける考え方は、1945年10月採択の国連憲章、1946年11月制定の日本国憲法、1948年採択の世界人権宣言、1959年11月採択の児童の権利宣言、1989年11月採択の児童の権利に関する条約[※1]に共通する思想です。

> **日本国憲法**
> **第11条**　国民は、すべての基本的人権の享有を妨げられない。この憲法が国民に保障する基本的人権は、侵すことのできない永久の権利として、現在及び将来の国民に与へられる。
> **第13条**　すべて国民は、個人として尊重される。生命、自白及び幸福追求に対する国民の権利については、公共の福祉に反しない限り、立法その他の国政の上で、最大の尊重を必要とする。

※1　1989年11月20日に国連総会で採択、1994年4月22日に日本も批准した。

> **児童の権利に関する条約**
> **第6条**
> 1　締約国は、すべての児童が生命に対する固有の権利を有することを認める。
> 2　締約国は、児童の生存及び発達を可能な最大限の範囲において確保する。

> **児童の権利に関する条約**
> **第3条**
> 1　児童に関するすべての措置をとるに当たっては、公的若しくは私的な社会福祉施設、裁判所、行政当局又は立法機関のいずれによって行われるものであっても、児童の最善の利益が主として考慮されるものとする。

　このような思想のもとに、子どもに関する法律、制度は、子どもの最善の利益を図ることを基本原理としています。

　特に、日本国内における児童（18歳以下の子ども）の福祉に関する基本法である児童福祉法は、以下のように定めています。

> **児童福祉法**
> 〔児童育成の責任〕
> **第2条**　全て国民は、児童が良好な環境において生まれ、かつ、社会のあらゆる分野において、児童の年齢及び発達の程度に応じて、その意見が尊重され、その最善の利益が優先して考慮され、心身ともに健やかに育成されるよう努めなければならない。
> 〔原理の尊重〕
> **第3条**　前2条に規定するところは、児童の福祉を保障するための原理であり、この原理は、すべて児童に関する法令の施行にあたって、常に尊重されなければならない。
>
> （傍線筆者）

主な保育・教育施設の法令上の位置づけ

就学前の0歳から就学までの子どもが通う施設は、多岐にわたります。その施設や事業の種類によって、適用される法令が異なります（**図表6-2**）。

幼稚園

主に3歳以上児を対象とする幼稚園は、学校教育法に基づいて設置され、学校保健安全法の適用を受け、「幼稚園教育要領」に基づいて保育が行われます。幼稚園の中には、子ども・子育て支援制度に移行し施設型給付を受ける幼稚園と、移行せず私学助成を受ける幼稚園があります。子ども・子育て支援制度に移行した幼稚園は、内閣府が発出した「教育・保育施設等における事故防止及び事故発

財源	私学助成	子ども・子育て支援制度							認可外保育施設		
		施設型給付			地域型保育給付				内閣府補助	地方財源	補助なし
施設種類	幼稚園		認定こども園	保育所	小規模保育事業	家庭的保育事業	居宅訪問型保育事業	事業所内保育事業	企業主導型保育	地方単独保育施設	その他
根拠法	学校教育法	学校教育法 子ども・子育て支援法	認定こども園法 子ども・子育て支援法	児童福祉法 子ども・子育て支援法	子ども・子育て支援法				児童福祉法		
設置基準	幼稚園設置基準		幼保連携型認定こども園の学級の編制、職員、設備及び運営に関する基準	児童福祉施設の設備及び運営に関する基準	条例による				認可外保育施設指導監督基準		
保育の準則	幼稚園教育要領 学校保健安全法		幼保連携型認定こども園教育・保育要領	保育所保育指針	幼稚園教育要領・保育所保育指針に則った				保育所保育指針を踏まえる	保育所保育指針を理解する	
ガイドラインの適用	必要に応じて踏まえる	あり							参考		
対象年齢 5歳児											
4歳児											
3歳児											
満3歳	↓	↓									
2歳児											
1歳児											
0歳児											

図表6-2　未就学児が通う主な教育・保育施設

生時の対応のためのガイドライン」（以下、事故防止ガイドライン）の適用を受けますが、私学助成のままの幼稚園は、事故防止ガイドラインについては「必要に応じて踏まえる」ことで足ります[※2]。

認定こども園・保育所

　0歳から就学までを対象とする施設は、就学前の子どもに関する教育、保育等の総合的な提供の推進に関する法律（以下、認定こども園法）に基づいて設置され「幼保連携型認定こども園教育・保育要領」（以下、認定こども園教育・保育要領）に基づいて保育が行われる認定こども園、児童福祉法に基づいて設置され「保育所保育指針」に基づいて保育が行われる認可保育所が、主な認可施設として存在します。これらの施設は、子ども・子育て支援制度の施設型給付により運営され、事故防止ガイドラインの適用を受けます。

地域型保育事業等

　そのほか、子ども・子育て支援制度の中の地域型保育事業として、0歳から2歳児を対象とする小規模保育事業、家庭的保育事業、居宅訪問型保育事業、0歳から就学までを対象とする事業所内保育事業があります。それぞれの設置基準は、地方自治体ごとの条例に基づき、「従うべき基準」は全国一律ですが、それ以外は地方の実情に応じて異なります。また、保育の内容は、幼稚園教育要領および保育所保育指針に則（のっと）ることとされています。加えて、保育所等と同じく、事故防止ガイドラインの適用を受けます。

　上記以外で、業務として他人の子どもを預かる事業はすべて、児童福祉法により届出義務が課される認可外保育施設というカテゴリーになります。認可外保育施設指導監督基準に基づき、年1回以上、都道府県が現況調査を行うことになっています。

　認可外保育施設の中でも、国や地方公共団体により財政支援がなされているものがあります。内閣府が補助する企業主導型保育は、保育の内容については保育所保育指針を「踏まえる」こととされ、事故防止ガイドラインは参考にすれば足りることとされています。

　各自治体ごとに認可外保育施設への補助を出している場合の補助基準や保育内容の指針は、自治体により異なりますが、それ以外のまったく補助が出ていない民間事業者による認可外保育施設と同様、認可外保育施設指導監督基準の適用を受け、これにより保育所保育指針を「理解する」ことが求められています。事故

※2　文部科学省「学校事故対応に関する指針」

防止ガイドラインは参考にすれば足りることとされています。

このように、施設や事業の種類によって、適用される法令が異なりますが、重大事故を予防する観点からは、「踏まえる」「理解する」「参考にする」など強制されていない法令やガイドラインであっても、子どもの生命を守る、子どもの最善の利益を実現するという観点から、判明しているリスクを取り除くために活用していく姿勢が重要です。実際、重大事故が起こった後に、裁判所が注意義務の内容を判断する際には、「踏まえる」「理解する」「参考にする」という表現であっても、乳幼児の発達に関する専門家としての国家資格である幼稚園教諭や保育士などの職にある者に対しては、当然にその内容を知っているであろうことを前提に、義務の内容が判断されることはありますので、「義務ではない」から「知らなくてよい」ということではなく、きちんと保育内容に反映するべきでしょう。

保育・教育内容の根拠となる法令

幼稚園

幼稚園に直接適用されるのは、学校教育法、学校保健安全法です。学校教育法は、幼稚園の目的の1つとして、「健康、安全で幸福な生活のために必要な基本的な習慣を養い、身体諸機能の調和的発達を図ること」を掲げ、学校教育法の委任による文部科学大臣告示として幼稚園教育要領があります。幼稚園教育要領のうち、認定こども園教育・保育要領および保育所保育指針と共通する部分は後述します。

他方、認定こども園教育・保育要領および保育所保育指針には、「健康及び安全」という章がありますが、幼稚園教育要領は、学校保健安全法に基づく学校保健計画および学校安全計画に譲るということで、「健康及び安全」の章がありません。

学校保健安全法は、各園ごとに、学校安全計画（第27条）を策定することを義務づけています。学校安全計画の必要的記載事項は、①施設および設備の安全点検、②児童生徒等に対する通学を含めた学校生活その他の日常生活における安全に関する指導、③職員の研修です。そのほか、学校における安全に関する事項について、任意に定めることができます。しかし、認定こども園教育・保育要領や保育所保育指針の「健康及び安全」の章に規定される踏み込んだ内容の定めはなく、ばらつきが生じてしまいます。健康や安全に関する最低限の配慮事項は、全国一律であってほしいところです。

また、学校保健安全法は、毎学期1回以上、施設・設備を系統的に安全点検を

行うとともに、日常的に環境の安全確保を図ることを義務づけています（学校保健安全法施行規則）。さらに、大災害などに備えて、各園の実情に合わせた危険等発生時対処要領（法第29条）を策定することも義務づけています。

認定こども園

　認定こども園には、幼稚園が「保育が必要な子ども」を受け入れるために認定を受けた幼稚園型、保育所が「保育が必要な子ども」以外の子どもを受け入れるために認定を受けた保育所型、幼稚園的機能と保育所的機能の両方を併せ持つ単一の施設である幼保連携型、幼稚園・保育所いずれの認可もない地方裁量型の4種類があります。幼稚園型は幼稚園教育要領の適用を、保育所型は保育所保育指針の適用を受けます。幼保連携型認定こども園に適用されるのが、「幼保連携型認定こども園教育・保育要領」です。

　認定こども園教育・保育要領は、認定こども園法の委任により内閣総理大臣・文部科学大臣・厚生労働大臣の連名の告示として定められています。

保育所

　認可保育所は、「保育が必要な子ども」認定を受けた就学前の子どもに対して養護および教育を一体的に行う施設で、児童福祉法の委任による厚生労働大臣告示として定められる保育所保育指針に基づいて保育が行われています。

要領・指針にみる安全に関する規定

● 共通する規定

　幼稚園、認定こども園、保育所は、3歳以上就学前の児童の教育・保育を担うという目的が共通であることから、2017年に幼稚園教育要領、認定こども園教育・保育要領、保育所保育指針が改正され、「幼児期の終わりまでに育っていてほしい姿」や「ねらい及び内容」については、内容をそろえました。

　「幼児期の終わりまでに育ってほしい姿」として10項目あげられているうちの1番目に、「健康な心と体」として「園生活の中で、充実感を持って自分のやりたいことに向かって心と体を十分に働かせ、見通しをもって行動し、自ら健康で安全な生活をつくり出すようになる」という目標が掲げられています。

　そして、保育内容に関する「ねらい及び内容」の5領域の1つ「健康」の項目で、「健康な心と体を育て、自ら健康で安全な生活をつくり出す力を養う」との目標のもと、「ねらい」として「健康、安全な生活に必要な習慣や態度を身に付

け、見通しをもって行動する」があげられ、その内容として「危険な場所、危険な遊び方、災害時などの行動の仕方が分かり、安全に気を付けて行動する」とされています。上記の内容の取扱いとしては、「安全に関する指導に当たっては、情緒の安定を図り、遊びを通して安全についての構えを身に付け、危険な場所や事物などが分かり、安全についての理解を深めるようにすること。また、交通安全の習慣を身に付けるようにするとともに、避難訓練などを通して、災害などの緊急時に適切な行動がとれるようにすること」とされています。

● 保育所・認定こども園・幼稚園の違い

保育所および認定こども園では、3歳未満児も保育すること、長時間保育することから、保育所保育指針および認定こども園教育・保育要領では、「養護」および、乳児（満1歳未満）および1歳以上3歳未満児の保育についても規定しています。

幼稚園教育要領との最も大きな違いは、冒頭に基本原則として、「生命の保持及び情緒の安定」が掲げられていることでしょう。0歳から3歳未満児は、心身ともに未成熟であり、大人への依存度が高いこと、また、3歳以上児も含めて保育時間が長いことから、「教育」と併せて「養護（子どもの生命の保持及び情緒の安定を図るために保育士等が行う援助や関わり）」の観点が求められています。

指導計画の策定にあたっても、「養護」の観点から一人ひとりの発達の違いに合わせた個別的対応や、特に、「一日の生活のリズムや在園時間が異なる子どもが共に過ごすことを踏まえ、活動と休息、緊張感と解放感等の調和を図るよう配慮すること」「午睡は生活リズムを構成する重要な要素であり、安心して眠ることのできる安全な睡眠環境を確保するとともに、在園時間が異なることや、睡眠時間は子どもの発達の状況や個人によって差があることから、一律とならないよう配慮すること」が求められています。

乳児（満1歳未満児）の保育に関するねらい及び内容では、「一人一人の生活のリズムに応じて、安全な環境の下で十分に午睡をする」「食物アレルギーのある子どもへの対応については、嘱託医等の指示や協力の下に適切に対応する」「安全な環境の下で、子どもが探索意欲を満たして自由に遊べるよう、身の回りのものについては、常に十分な点検を行うこと」が規定されています。

1歳以上3歳未満児の保育に関するねらい及び内容では、「健康な心と体を育て、自ら健康で安全な生活をつくり出す力を養う」「食物アレルギーのある子どもへの対応については、嘱託医等の指示や協力の下に適切に対応する」「安全で活動しやすい環境での探索活動等を通して、見る、聞く、触れる、嗅ぐ、味わうなど

の感覚の働きを豊かにする」「玩具などは、音質、形、色、大きさなど子どもの発達状態に応じて適切なものを選ぶ」「探索活動が十分できるように、事故防止に努めながら活動しやすい環境を整え、全身を使う遊びなど様々な遊びを取り入れること」が規定されています。

さらに、保育所保育指針および認定こども園教育・保育要領には、「健康及び安全」という章が設けられています。「子どもの健康支援」「食育の推進」「環境及び衛生管理並びに安全管理」「災害への備え」の4項目からなり、特に、安全管理に関して、以下の3つの規定があります。

「保育中の事故防止のために、子どもの心身の状態等を踏まえつつ、施設内外の安全点検に努め、安全対策のために全職員の共通理解や体制づくりを図るとともに、家庭や地域の関係機関の協力の下に安全指導を行うこと」

「事故防止の取組を行う際には、特に、睡眠中、プール活動・水遊び中、食事中等の場面では重大事故が発生しやすいことを踏まえ、子どもの主体的な活動を大切にしつつ、施設内外の環境の配慮や指導の工夫を行うなど、必要な対策を講じること」

「保育中の事故の発生に備え、施設内外の危険箇所の点検や訓練を実施するとともに、外部からの不審者等の侵入防止のための措置や訓練など不測の事態に備えて必要な対応を行うこと。また、子どもの精神保健面における対応に留意すること」

このようにみてくると、幼稚園であっても、近年のように「預かり保育」として長時間保育を行ったり、入園年齢を満3歳から3歳未満児に広げていく状況においては、「生命の保持及び情緒の安定」という「養護」の視点をもつことや、3歳未満児に関する保育所保育指針等の規定を踏まえることが求められているといえるでしょう。

保育・教育施設等における事故防止及び事故発生時の対応のためのガイドライン

2015年4月に施行された子ども・子育て支援制度においては、教育・保育施設および地域型保育事業の事業者は、事故発生防止および事故が発生した場合の対応の指針を整備することが義務づけられました。この事故発生防止および事故対応の指針の参考として、内閣府が「教育・保育施設等における事故防止及び事故発生時の対応のためのガイドライン」（以下、ガイドライン）を作成しました。

その意味では、ガイドラインの内容がダイレクトに事業者に対する義務となるわけではありません。また、根拠をもって、あえてガイドラインとは異なる対応

を定めることは認められます。しかし、政府をあげて事故防止ガイドラインの周知徹底がいわれている中、各事業者が、先に述べた学校保健安全法に基づく学校安全計画の策定や幼稚園教育要領、認定こども園教育・保育要領、保育所保育指針に基づく指導計画、事故発生防止および事故対応指針を策定するにあたって、ガイドラインに記載された内容を単に「知らなかった」ではすみません。

ここでは、ガイドラインのうち事故発生の予防の点に絞って内容を簡単に紹介します。2017年度に内閣府の有識者会議から重大事故の検証を踏まえた注意喚起が出されていますので、併せて紹介します。

● **事故発生の予防について**

ガイドラインは冒頭に、「安全な教育・保育環境を確保するための配慮点」として、睡眠中、プール活動・水遊び、食事中の誤嚥、玩具・小物等の誤嚥、食物アレルギーの場面について、「重大事故が発生しやすい場面ごとの注意事項」を示しています。

睡眠中

保育所保育指針等のいう安全な睡眠環境を整えることの具体化として、①0歳児および1歳児については仰向けに寝かせること、②職員が定期的に子どもの呼吸・体位、睡眠状態を点検し、一人にしないこと、③特に、預け始めは、きめ細かな注意深い見守りをすること、④やわらかい布団やぬいぐるみ等を使用しないこと、⑤ひも、または

ひも状のもの（例：よだれかけのひも、ふとんカバーの内側のひも、ベッドまわりのコード等）を置かないこと、⑥口の中に異物がないか確認すること、⑦ミルクや食べたもの等の嘔吐物がないか確認することなどが指摘されています。

プール活動・水遊び

プール活動・水遊びを行う場合は、監視体制の空白が生じないようにもっぱら監視を行う者とプール指

導等を行う者を分けて配置し、また、その役割分担を明確にすることが指摘されています。特に、監視者は監視に専念し、監視エリア全域をくまなく規則的に目線を動かしながら、「動かない子どもや不自然な動きをしている子どもを見つける」という意識で監視することが重要です。また、十分な監視体制の確保ができない場合については、プール活動の中止も選択肢とすることとされています。

誤嚥（食事中）

職員は、子どもの咀嚼・嚥下機能や食行動の発達状況、喫食状況について職員間および保護者との間で共有することが指摘されています。

また、子どもの年齢や月齢によらず、ふだん食べている食材が窒息につながる可能性があることを認識して、食事介助および観察をすること

とされています。食事介助の際の注意事項としては、①ゆっくり落ち着いて食べることができるよう子どもの意志に合ったタイミングで与える、②子どもの口に合った量で与える（1回で多くの量を詰めすぎない）、③食べ物を飲み込んだことを確認する（口の中に残っていないか注意する）、④汁物などの水分を適切に与える、⑤食事の提供中に驚かせない、⑥食事中に眠くなっていないか注意する、⑦正しく座っているか注意する、などが指摘されています。観察に関しては、特に食べている最中には継続的に観察することとされています。

過去に、誤嚥、窒息などの事故が起きた食材（例：白玉風のだんご、丸のままのミニトマト等）は、誤嚥を引き起こす可能性について保護者に説明し、使用しないことが望ましいとされています。

誤嚥（玩具、小物等）

保育所保育指針等では安全な環境の整備が求められていますが、特に、口に入れると喉頭部や気管に詰まる等、窒息の可能性のある大きさ、形状の玩具や物、部品が外れる物などについては、乳児および3歳未満児のいる室内に置かないことや、手が触れない場所に置くこと等を徹底することが求められていま

す。

　窒息の危険性があった玩具やこれまでに窒息事例があるものと類似の形状の玩具等については、施設・事業所内で情報を共有し、除去することが望ましいとされています。

食物アレルギー

　アレルギーについて施設・事業所での配慮が必要な場合は、保護者から申し出てもらい、医師の診断に基づいた完全除去を基本とし、主要原因食物（鶏卵、牛乳、小麦）については、除去食または代替食による対応が求められています。除去食、代替食の提供の際には、人的エラーが生じやすいので、①献立、②調理、③調理室から食事を出す場面での配膳、④保育室等で食事を準備する場面での配膳、⑤摂食の一連の場面で、人的エラーを減らす方法（担当者を明確にする、食器の色や形を変える、除去食・代替食の見た目を明らかに変えるなど）のマニュアル化、チェック体制づくりが必要とされています。

　家庭で食べたことのない食べ物は基本的に与えないことが望ましく、家庭で食べたことがあっても、食後にぐったりするなどアナフィラキシーショックが起こる場合もあるので、よく観察し、必要に応じて救急搬送を行うこととされています。

　ガイドラインは、これらの場面ごとの注意事項を示すとともに、日常的に、環境づくり、点検、ヒヤリハット報告の収集・分析・活用、職員への周知・研修・訓練、緊急時の対応の整備（役割分担を決め掲示すること、緊急連絡リストの策定など）などを定めています。　　　　　　　　　　　　　　　　　　　　　　◆

3 子どもの事故に関する責任

　ここでは、子どもの事故の場面で問題になる「責任」について考えてみましょう。あくまでも「事故」なので、虐待などの故意による事件は除きます。

道義的責任と法的責任

　例えば、2歳児の子どもが平らな土の園庭の何もないところで転んだとします。子どもは痛がって大泣きして、様子がおかしいので受診させたところ、打ちどころが悪くて肘を骨折していたとします。このようなケースで、近くにいた保育者は「こんなに痛い思いをさせてかわいそう」「あの場面で自分は何かできたんじゃないか」と自責の念を感じる人もいます。しかし、子どもが伸び伸びと身体を動かして遊びながら成長していくことを保障するためには、何もない平らな土の園庭で2歳児が転ぶことを防ぐことはできません。これを法的責任の用語では「結果回避義務がない」といいます。ここで保育者が感じている「責任」は、あくまでも道義的な責任です。

　対して法的責任は、①原因となる過失行為（予見可能性（予見義務）と結果回避可能性（回避義務））、②結果（損害）、③原因と損害の結果との間に因果関係があることの3点がそろって初めて生じます。根拠となる法令の違いによって、どのくらい確実性をもって立証しなければならないか、誰が責任主体となるかは異なりますが、法的責任が生じるためには、この3点が必要です。

　過失といえるための要件である予見義務とか回避義務というと難しく聞こえますが、例えば「小さな穴があったら、子どもは何か突っ込むだろう」ということは、子どもの発達に関する専門家であれば、誰もが予想するでしょう。このような予想を立てることが「予見義務」です。そして、小さな穴があったら、子どもが何かを突っ込むことが予想できる以上、子どもが指を突っ込んでもけがをしないように、安全な穴にしておくか、穴をふさぐか、どちらかの措置をとらなけれ

ばなりません。これが「結果回避義務」です。

　例えば、回転遊具の足元の穴に子どもが指を突っ込んでいたら、ほかの子ども
が遊具を回して指が切断されてしまった、という事故であれば、そのような危険
な穴を放置したことと指の切断という結果との間に因果関係があります。このよ
うに、突っ込んだら指が切断される穴の放置という過失行為（予見義務違反、回避
義務違反）、指切断の結果、因果関係がそろったときに、法的責任が生じます。

　逆にいうと、過失行為（予見義務違反、回避義務違反）、結果（損害）、因果関係の
いずれかが欠ければ法的責任は生じません。例えば、先の事例で、2歳児の子ど
もが平らな土の園庭で転ぶことは予見できるわけですが、子どもの遊びや発達を
考えたら、土の園庭で転ばせないようにすることはできません（回避可能性があり
ません）。また、土の園庭で転んだからといって骨を折ることは予測できません
（予見可能性がありません）。このような事例では予見可能性、回避可能性の両方に
問題があり、過失行為とはいえないため、法的責任は生じないのです。

法的責任の種類

　保育施設での子どもの事故に生じる法的責任には、刑事責任（業務上過失致死傷
罪）と民事上の損害賠償責任（契約上の責任と不法行為責任）があります（**図表6-4**）。

　刑事で責任を負わせるには、検察官が罪となる事実について、合理的疑いを入
れない程度の立証をしなければなりませんので、民事に比べると厳格な立証が求
められます。また、基本的には現場にいた個人（園長や担任保育士など）が処罰対
象となり、保育施設等の設置者の法人責任は問われません。死亡事故など結果が
重大な事故や過失の程度が重い事故、同じ系列の施設で同種事故が繰り返されて
いるなど悪質性が高い場合に、刑事責任が問われる傾向にあります。

　対して民事では、保育施設等の設置者と保護者との間の契約上の安全配慮義務
の違反に関する債務不履行責任と、保護者と直接の契約関係がない保育従事者個
人の不法行為責任とが問題になります。公立園の場合、幼稚園教諭・保育教諭・
保育士は公務員の地位にありますので、国家賠償法第1条により、利用者に対す
る直接の個人責任は負いません。

● 法令やガイドラインなどと法的責任との関係

　教育・保育施設に適用される安全に関する法令やガイドラインなどは、法的責
任との関係ではどのように位置づけられるのでしょうか。

　教育・保育施設は、根拠法令はばらばらではあるものの、いずれも子どもの生
命や安全を守る義務を負っています。一般に「安全配慮義務」と呼ばれる義務で

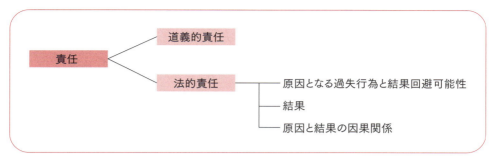

図表6-3　道義的責任と法的責任

	刑事	民事			行政	
責任の内容	刑法第211条 業務上過失致死傷罪	民法第415条 債務不履行による損害賠償責任 民法第717条 工作物の瑕疵による損害賠償責任	国家賠償法第1条 公の権力の行使による損害賠償責任 国家賠償法第2条 公の営造物の瑕疵による損害賠償責任	民法第709条 不法行為による損害賠償責任	認可取消 閉鎖命令 など	資格喪失
責任主体	現場担当者（園長・担任等）	民間事業者	公立園	現場担当者（園長・担任等）個人 ただし、公務員は除く	民間事業者	幼稚園教諭 保育士

図表6-4　法的責任の種類

す。具体的な場面で、どのような危険が予想され、どのような回避措置をとるべき義務を負っていたのかを事後的に検討するのが法的責任の判断になります。その際、判断の拠り所として、法律・条例、政令・省令・規則、ガイドラインや通知などで、どのような義務が定められているか、その立法趣旨は何か、どのような注意喚起がなされているかなどが参照されます。ガイドラインや通知などで注意喚起されている事象については、予見可能性があったと判断されることが多いでしょう。また、省令で定める設置基準などを遵守していない場合には、回避義務違反の根拠とされることもあるでしょう。

このように、過失行為の前提となる注意義務の内容を確定する際に参照されるのが法令やガイドラインなどだといえます。　◆

4 裁判例から学ぶ事故実例

睡眠中の事故

　認可外保育施設において、生後4か月で仰向けからうつぶせに寝返りはできるが、仰向けに戻ることができない発達段階の男児が泣き出したため、保育者のいないベビールーム内のベビーベッドに仰向けに寝かせ、1時間後に見にいったところ、顔を真下に向けたうつぶせ状態で心肺停止しているところを発見された事案を紹介します。

　裁判所は、男児の死亡原因を窒息と認定した上で、乳幼児はうつぶせ寝の体位により窒息死する危険があるから、保育従事者は、就寝中の乳幼児をうつぶせ寝の体位のまま放置することなく、常に監視し、うつぶせ寝の体位であることを発見したときは、仰向けに戻さなければならない注意義務がある

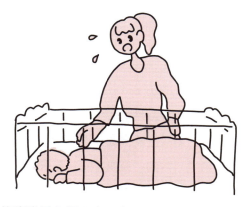

とし、本件事故日の保育従事者に注意義務違反を認めました。
　また、本件施設の設置者、園長らには、本件施設において、乳幼児の睡眠確認を十分に行うために必要な人員体制および物的設備を備える注意義務があり、本件施設の保育従事者に対して、うつぶせ寝の禁止を徹底する注意義務があるのに、この義務に違反したとされました。これらの過失につき、保育従事者と園長の共同不法行為責任が認定され（民法第709条、第719条）、施設設置者は本件保育従事者および園長の使用者として、民法第715条第1項に基づく損害賠償責任が認定されました[3]。

---

[3]　平成27年11月15日大阪高等裁判所判決

プール活動・水遊び中の事故

● 事例1

まず、幼稚園の3歳男児がプール活動中に溺れ死亡した事故を紹介します。裁判所は、幼稚園教諭が、片づけ作業のために園児から背を向けたりし、園児が本件プール内で遊んでいた時に溺れたと認定した上で、担任教諭には、園児を監視し、その生命身体の安全に配慮すべき義務があったにもか

かわらず、本件事故当時、プールサイドに散乱したビート板・遊具の片づけに気をとられ、本件プール内の園児の動静を注視せず、この義務を怠ったとして、民法第709条の不法行為責任を、幼稚園設置者である学校法人には民法第715条第1項により担任教諭の使用者としての責任を認定しました[※4]。

● 事例2

次に、幼稚園の園長および教諭であった被告人らが、幼稚園のお泊り保育の川遊びにおいて、上流域での降雨による増水の危険を看過したことによって被害園児が流され溺死した業務上過失致死傷事件を紹介します。

裁判所は、園長には、幼稚園教諭らをして、あらかじめ河川での遊泳に伴う危険性について十分な知識を習得し、当日の注意報等の確認のみならず、当日の遊泳開始直前までの降水量等を、本件遊泳場所付近のみならず、その上流域についても確認

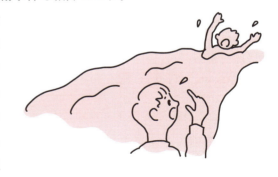

し、増水等危難が生じる可能性を十分に考慮し、遊泳を実施する際は、ライフジャケットを準備して園児らに適切に装着させるなど、園児らの水難事故を未然に防ぐための計画およびその準備を整えるべき業務上の注意義務があったとしました。

その上で、河川での遊泳に伴う危険性について十分な知識を習得せず、本件河

※4 平成29年4月13日横浜地方裁判所判決

川上流域における断続的な降雨や当日の雷注意報、大雨洪水注意報等をいずれも十分に調査せずにそれらを認識せず、幼稚園のある市街地および本件遊泳場所付近で降雨があったことを認識しながら、本件河川の増水の可能性を予見せず、増水等危難は生じないものと軽信し、本件遊泳を実施した際、ライフジャケットを準備せず、園児らに適切に装着させなかった過失により、園児を溺死させたと認定しました。

ただし、ライフジャケット準備装着義務を含む安全配慮義務を負うのは園長である被告人のみであるとして、ほかの引率教諭は無罪、園長である被告人を50万円の罰金に処しました[※5]。

熱中症

保育所内において、4歳男児が園内の本棚に入り込み、熱中症により死亡した事故です。

裁判所は、保育士は子どもたちの命を預かっている以上、保育を行う前提として、その安全を確保することが当然に求められており、担任以外の保育士らにおいても、すべての児童の名前や顔を把握した上で、保育所全体で児童の動静把握と安全確認に努めることが求められているとし、園児の動静把握を1時間以上怠っていた保育士に重過失による義務違反があるとし、国家賠償請求について担任保育士の動静把握義務違反につき重過失を認め、原告らへの慰謝料算定に当たってこれを考慮しました[※6]。

水路への転落

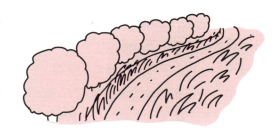

幼稚園の園庭に隣接する水路で4歳男児が溺死した事案です。

園庭に隣接して幅約80㎝、水深約10㎝の用水路が走っており、用水路と敷地との間には、高さ20㎝ほどの草が密生した土手があり、その上に、高さ約1mのマキの木の生け垣が柵として設置されていました。このマキの

※5　平成28年5月30日松山地方裁判所刑事部判決
※6　平成21年12月16日埼玉地方裁判所判決。いわゆる上尾保育所事件。

木の生け垣は、根元付近の部分には枝葉が生えておらず、マキの木の1本1本の間隔が一部広くなっている部分があり、園児が容易にくぐり抜けられる状態にありました。

　幼稚園の園長および職員は、園内の施設や設備の安全管理を徹底すべき義務、園児らの指導に当たってはその動静に細心の注意を払い、その生命身体に危難が生じることのないよう園児らの安全を確保すべき注意義務を負っていたところ、戸外遊具遊びに際しては、園児らが園庭内のあらかじめ指示した範囲において遊ぶようその動静に注意して、園児らが生け垣をくぐり抜けたり裏門を通ったりするなどして、その敷地外に出ようとした場合にはただちに制止する等の方法によって、園児らがあらかじめ指示した範囲を越えて園の敷地外に出ることにより、その生命身体に危難を生じることを未然に防止するべき注意義務があったが、これを怠った過失があると認定されています[7]。

事故の背景を考える

　一般に、重大事故の原因は単一ではありません。さまざまな要因が重なって、小さなニアミスの積み重ねの中で、重大事故が発生することが多いのです。

　しかし、法的責任を認定する場面では、直近過失といって、死亡やけがなどの結果につながった最後の過失行為だけをとらえて責任を認定する考え方に基づいています。そうすると、環境の設定や設備に諸々の問題があったとしても、最後は人（幼稚園教諭や保育士）が園児の動静を把握していれば助けられた（動静把握義務違反）となりがちです。しかし、表面上見えている過失がなぜ起こったのかという背景にさかのぼって考えなければ、本当の意味での事故予防にはつながりません。

　例えば、保育所での熱中症の事件は、園児の動静を把握しやすい構造の建物になっていたかといえば、園舎内の2本の廊下の交点が隅切りになっており、どちら側からも見えない死角の部分に本棚が置かれていました。仮に2本の廊下が直角に交差していたら、死角は生じませんでした（**図表6-5**）。子どもは狭い場所に入りこむのが好きですから、本棚の引き戸の蓋を外して入り込めないようにしておけば、熱中症になることもなかったでしょう。最後のストッパーとしての動静把握・観察が法的責任の根拠になるとしても、事故予防の観点からいえば、目を離してしまうことがあったとしても、重大事故に至らない環境を設定しておくことのほうが重要です。

　あるいは、プールでの溺死事故は、子どもたちが大人数で不規則な動きをして

※7　平成20年3月27日千葉地方裁判所判決

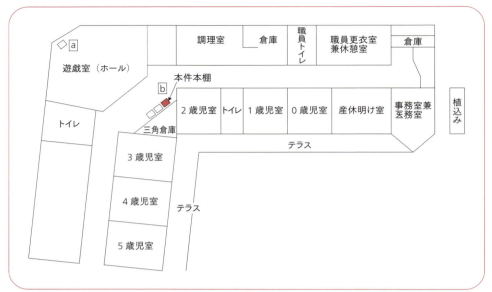

図表6-5　熱中症事故の保育所見取り図
出典：上尾市上尾保育所事故調査委員会「上尾保育所事故調査委員会報告書」別図(1)、2005.

いる場面で生じているケースが多く見受けられます。監視者を置くだけではなく、プールに入る子どもの人数を制限したり、一定の方向にのみ動くように活動内容を規則的にするなど、溺れて不規則な動きをしたり動かない子どもを発見しやすい環境を設定することも重要です。

　幼稚園脇の水路の事故では、事故後、マキの木の生垣の外側にフェンスを設置して、生垣の根元から子どもがくぐり抜けられないように整備したとのことです。

　このように、裁判例が認定している直接の過失行為のみに目を奪われるのではなく、背景となる多様な要因に目を向けることが、事故予防においては肝心です。◆

おわりに

　保育の場の安全については、どこの園でも細心の注意を払い、いろいろ取り組まれていることと思います。しかし、日本スポーツ振興センターの災害共済給付のデータを見ると、残念ながら、園では毎年2%の子どもたちが5000円以上の医療費がかかる事故に遭ったり、病気になっています。

　一番大切なことは、「まさか、うちの園では事故は起きない」ではなく、「ひょっとしたら、うちの園でも事故が起きるかもしれない」と思うことです。そして、どんな事故が起こっているのか、どうしたら予防できるのかを知っておくことです。

　私たちは2003年から、医師と工学研究者を中心に、どうしたら事故による子どもの傷害を予防することができるかについて取り組んできました。これまでの本は、実際にどう取り組んだらよいのか、あまり具体的でないものが多かったように思います。この本は、これまでの私たちの活動をまとめ、実際に園で実践できることを基本にしてつくりました。

　傷害予防とは、傷害が起こった状況について、「変えたいもの」「変えられないもの」「変えられるもの」の3つに分け、変えられるものを見つけて、変えられるものを変えることです。保育管理下で重症度が高い傷害が起こるのは、睡眠中、食事中、水遊び中の3つです。この3つについては、よく知っておく必要があります。日々の活動の中で、実際に自分の園で起こった事故を取り上げ、本書を読み、いろいろなところに相談して具体的な予防策につなげることができれば、傷害予防のためには何をすればよいか実感できると思います。

　ぜひ本書を活用いただき、子どもたちの安全を確保してくださるようお願いいたします。

山中龍宏

あ行

アイロン……………………… 102
アナフィラキシー反応……… 091
アナフィラキシーへの対応
　……………………………… 092
アニメーション……………… 061
アメリカ消費者製品安全委員
　会…………………………… 123
アルコール…………………… 087
アレルギー症状の重症度評価
　……………………………… 091
アレルギー対応ガイドライン
　……………………………… 092
安全基準づくり……………… 155
安全指導……………………… 124
安全知識循環型社会システム
　……………………………… 018
安全配慮義務………………… 174
一の違反……………………… 174
意識・行動変容……………… 065
移動経路……………………… 153
異物誤飲……………………… 082
因果関係……………………… 173
咽後膿瘍……………………… 111
インターナショナル・セーフス
　クール……………………… 057
ウインナーソーセージ……… 131
ウォーターサーバー………… 103
うつぶせ寝…………………… 132
エピペン……………………… 092
エピペン注射………………… 092
応急処置……………………… 142
おんぶしての自転車………… 119

か行

階段…………………… 106, 110
回避義務……………………… 173
変えたいもの………………… 013
変えられないもの…………… 013
変えられるもの……………… 013
科学的傷害予防……………… 027
家具…………………………… 106
過失行為……………… 173, 174
火傷…………………………… 105
河川財団……………………… 101
学校教育法…………… 164, 166
学校事故事例検索データベー
　ス…………………………… 052
学校保健安全法……………… 166
活動フィールド……………… 153
環境改善……………………… 010
玩具…………………………… 171
監視…………………………… 097
危険源………………………… 022
規則…………………………… 161
気道支異物…………………… 143
基本的人権…………………… 162
キャンデー…………………… 130
キャンドルオイル…………… 087
救命救急法研修……………… 156
教育…………………………… 010
教育・保育施設等における事
　故防止及び事故発生時の対
　応のためのガイドライン
　…………………… 164, 169
教材…………………………… 070
業務上過失致死傷罪………… 174
魚肉ソーセージ……………… 062
切り傷………………………… 142
記録…………………………… 046
鎖……………………………… 002
クルージ・アプローチ……… 070
刑事責任……………………… 174
結果回避義務………………… 174
月齢と事故…………………… 005
健康チェック………………… 153
研修…………………………… 055
憲法…………………………… 160
誤飲…………………………… 082
一の発生動機………………… 085
誤飲チェッカー…… 087, 088, 131
公園・遊具の安全基準……… 123
硬貨…………………………… 130
効果のある傷害予防………… 017
効果のない傷害予防………… 017
口腔容積……………… 086, 088
咬傷…………………… 143, 153
交通事故……………………… 114
行動・意識の実態調査……… 065
誤嚥…………………… 082, 171
子どもの危険回避能力……… 015
子どもの手の届く距離……… 089
小物…………………………… 171

さ行

サーベイランス・ソフトウエア
　……………………………… 074
最大開口口径………… 086, 131, 133
裁判例………………………… 176
債務不履行責任……………… 174
殺虫スプレー………………… 087
3I……………………… 016, 017
3E……………………… 016, 017
サンオイル…………………… 087
シートベルト………………… 120
事故…………………………… 023
自己効力感…………………… 065
事故サーベイランス………… 018
事故情報の記録……………… 048
事故データベース…………… 050
事故防止ガイドライン……… 165
磁石…………………………… 087
刺傷…………………………… 143
事前調査……………………… 158
下見…………………………… 153
自転車………………… 078, 115
耳道異物……………………… 143
自動車事故…………………… 114
児童の権利…………………… 163
児童の権利に関する条約…… 163
児童福祉法…………………… 163
シミ抜きスプレー…………… 087
住宅用火災警報器…………… 105
傷害…………………………… 023
傷害予防教育セミナー……… 055
消火器………………………… 105
情報収集……………………… 152
省令…………………………… 161
条例…………………………… 160
食事中………………………… 171
食道異物……………………… 143
食物アレルギー……… 090, 172
除光液………………………… 087
身体機能……………………… 004

身体地図情報システム	074	電気ポット	103	バケツ	093
シンナー	087	転倒	106	ハチ	153
心肺蘇生法	142, 144	転倒時間	011	発達段階	004
心理的バリア	039	天窓事故	017	バディシステム	098
水泳キャップ	098	転落	106	歯ブラシ	111
睡眠中	170	道義的責任	173	パンフレット	071
―の事故	176	頭部外傷	112	ビー玉	130
水路への転落	178	頭部外傷基準	112	鼻内異物	143
ストーブ	102	灯油	087	ビニールプール	093
すり傷	142	道路	106	119番	148
スリッパ	108	とうろう	153	ヒヤリハット	022
製品安全協会	118	特定教育・保育施設等におけ		ブースターシート	120
政令	161	る事故情報データベース		風船	130
セーフコミュニティ	057		050	プール	096
セーフティ・プロモーション		トライアル	153	プール活動	170, 177
スクール	058			物理的バリア	039
セロリ	130	**な 行**		不法行為責任	174
洗剤	087			フランクフルトソーセージ	
洗濯機	093	ナッツ類	131		131
せんべい	130	ナフタリン	087	ブレーキ	078
染毛剤	087	難燃性のパジャマや毛布	105	ヘアスプレー	087
増水	099	日本国憲法	162	ベッド	110
ソーセージ	131	日本公園施設業協会	126	ヘビ	153
損害賠償責任	174	日本小児保健協会	055	ベビーカー	106, 110
		日本スポーツ振興センター		ベビーパウダー	087
た 行			052	ベビーベッド	108
		日本中毒情報センター	082	ベランダ	110
多職種連携	044	乳幼児突然死症候群	129, 149	―の柵	012
抱っこしての自転車	119	乳幼児突発性危急事態	129	ヘルス・ビリーフ・モデル	039
抱っこひも	108, 110	認可外保育施設指導監督基準		ヘルメット	078, 115, 120
打撲	142		165	―の選び方	118
地域型保育事業	165	にんじん	130	―のかぶり方	118
窒息	128, 146	認知機能	004	―の着用率	116
―への対処法	147	認定こども園	165	―の有効性	116
チャイルドシート		抜けた歯	126	ペン	130
	064, 115, 120	熱けいれん	136	ベンジン	087
チャイルド・レジスタンスの		熱射病	136	保育所	165
ライター	105	熱傷	105	保育所保育指針	165
中毒の発生動機	085	熱中症	135, 178	ほう酸団子	084
直近過失	179	―の対応フロー	139	防水スプレー	087
通知	161	―の分類	136	法的規制	010
机	106	熱中症指数	137	法的責任	173
テーブル	106	熱中症予防情報サイト	141	法の種類	160
テーブルクロス	105	熱疲労	136	法律	160
手が届く距離	133	脳損傷	113	墓石	153
手が届く高さ	133	残し湯	095	ボタン電池	060, 084
溺水	093			ポップコーン	131
手の大きさ	078	**は 行**			
電気ケトル	012				
電気コード	103	パーマ液	087		
		ハイチェア	108		

ま行

窓	110
水遊び	170
3つのE	010
見守りの限界	010
無理な傷害予防	012
餅	130

や行

野外保育	150
野球	011
やけど	105, 143
遊具	121
一の安全管理	123
一の指針	123
一の点検・管理	125
幼稚園	164
幼稚園教育要領	164, 165, 166
浴室	094
浴槽	093
予見義務	173

ら行

ライフジャケット	099, 177
落下	011
リーダー養成講座	055
リスク	022
利用施設	153
ルール	010
ルールづくり	155
ローラースケート	110

ABC

ABC理論	013, 014
ALTE	129
CPSC	123
Education	010
Enforcement	010
Environment	010
Head Injury Criterion	112
HIC	112
ISS	057
Love & Safety おおむら	077
Moving Upstream	073
Safe Kids Japan	055
SC	057
SGマーク	118
SIDS	129, 149
SPS	058
Stop, drop and roll	105
Sudden Infant Death Syndrome	129, 149
WBGT	137
WBGT値	139

編著者

西田佳史 (にしだ・よしふみ) ／第1章・第2章・第3章
国立大学法人東京工業大学教授・NPO法人 Safe Kids Japan 理事

山中龍宏 (やまなか・たつひろ) ／第3章・第5章
緑園こどもクリニック院長・NPO法人 Safe Kids Japan 理事長

執筆者

渡辺直史 (わたなべ・なおふみ) ／第3章・第5章
プラムネット株式会社アウトドア共育事業部統括リーダー

北村光司 (きたむら・こうじ) ／第4章
国立研究開発法人産業技術総合研究所
人工知能研究センター主任研究員・NPO法人 Safe Kids Japan 理事

大野美喜子 (おおの・みきこ) ／第4章
国立研究開発法人産業技術総合研究所
人工知能研究センター研究員・NPO法人 Safe Kids Japan 理事

出口貴美子 (でぐち・きみこ) ／第4章
出口小児科医院院長・NPO法人 Love & Safety おおむら代表

吉川優子 (よしかわ・ゆうこ) ／第5章
一般社団法人吉川慎之介記念基金代表理事
日本子ども安全学会運営事務局

寺町東子 (てらまち・とうこ) ／第6章
東京きぼう法律事務所 弁護士・社会福祉士・保育士
一般社団法人子ども安全計画研究所理事

保育・教育施設における事故予防の実践
事故データベースを活かした環境改善

2019年5月20日　発行

編著者	西田佳史、山中龍宏
発行者	荘村明彦
発行所	中央法規出版株式会社
	〒110-0016
	東京都台東区台東 3-29-1　中央法規ビル
	営業　　　Tel 03（3834）5817　Fax 03（3837）8037
	書店窓口　Tel 03（3834）5815　Fax 03（3837）8035
	編集　　　Tel 03（3834）5812　Fax 03（3837）8032
	https://www.chuohoki.co.jp/
装丁・本文デザイン	chichols
装丁・本文イラスト	中尾悠（ultralight）
印刷・製本	長野印刷商工株式会社

定価はカバーに表示してあります。
ISBN978-4-8058-5854-7
本書のコピー、スキャン、デジタル化等の無断複製は、著作権法上での例外を除き禁じられています。また、本書を代行業者等の第三者に依頼してコピー、スキャン、デジタル化することは、たとえ個人や家庭内での利用であっても著作権法違反です。
落丁本・乱丁本はお取替えいたします。